财会专业
大学生生涯规划

主　编：张培民　屈　睿
副主编：杨　芳　赵馨燕

Career Planning for
College Students Majoring in
Finance and Accounting

中国经济出版社
CHINA ECONOMIC PUBLISHING HOUSE
北　京

图书在版编目（CIP）数据

财会专业大学生生涯规划 / 张培民，屈睿主编．北京：中国经济出版社，2025.6. -- ISBN 978-7-5136-8132-2

Ⅰ. G647.38

中国国家版本馆 CIP 数据核字第 2025NV0404 号

责任编辑　焦晓云
责任印制　李　伟
封面设计　久品轩

出版发行　中国经济出版社
印 刷 者　北京科信印刷有限公司
经 销 者　各地新华书店
开　　本　710mm×1000mm　1/16
印　　张　12.75
字　　数　200 千字
版　　次　2025 年 6 月第 1 版
印　　次　2025 年 6 月第 1 次
定　　价　88.00 元
广告经营许可证　京西工商广字第 8179 号

中国经济出版社 **网址** http://epc.sinopec.com/epc/ **社址** 北京市东城区安定门外大街 58 号 **邮编** 100011
本版图书如存在印装质量问题，请与本社销售中心联系调换（联系电话：010-57512564）

前　言 | PREFACE

就业是最基本的民生。我国2022届高校毕业生的规模为1076万人（首次突破1000万），2023届为1158万人，2024届为1179万人，2025届预计可达到1222万人。逐年增长的大学毕业生人数，使每一年的毕业季都成了史上“最难就业季”。其实，就业不只是大四学生找工作这么一件事，它是一项系统工程，高校要从大一开始就教学生做好大学生生涯规划。

随着我国数字经济的蓬勃发展、经济形势的不断变化，以及新会计准则的施行，财会行业对人才的需求日益多元化和专业化。如何把握时代机遇，提升核心竞争力，科学规划自己的职业生涯，成为既懂专业又具备综合素养的复合型人才，是每一位财会专业大学生需要深入思考的问题。

有同学说，生涯规划是治疗迷茫病症的一剂良药。对于00后的学生群体，大学和中学无论是在学习方法上，还是在生活上，都有很大的差别，如何在互联网时代适应“学分制”改革，规划好自己的大学生涯，是一项很重要的工作。

本书基于人才培养方案，对财会专业学生在大学四年中每一年应该做好哪些知识储备和能力培养进行了系统而深入的阐述，旨在帮助他们明确职业方向、制定科学的成长路径，在毕业时做好充足的思想和知识准备，顺利走入职场。

总的来说，本书的编写目的是帮助学生尽快明确大学生活的目的和意义，正确认识自己，确立符合自身特点的生涯发展目标，制定个性化的行动方案，通过行动提升进入职场所需要的职业素质与就业能力，度过充实、愉快而有意义的大学生活，信心满满地进入职场。本书借助在校大学生的实际案例和近年职场的需求，向财会专业学生分享成功的经验与失败的教训，提醒刚刚进入大学的他们尽早适应大学生活，及早规划，提升就业竞争力。

本书的特色在于：

（1）有明确的行业导向。紧密结合人才培养方案，以及财会领域的最新动态（如智能化财务、ESG 报告等），帮助学生了解未来职业场景。

（2）分阶段规划目标任务。针对大学四年不同阶段制定目标并积极达成。

（3）丰富的案例介绍。通过案例介绍给学生以启示，帮助他们及早认识自己，了解自己的优劣势，并进行深入思考，做好大学生生涯规划。

在编写过程中，我们得到了多位高校教师、企业财务高管和职业规划师的指导，也参考了大量文献，力求使内容兼具学术性、实践性和可读性，在此对相关人员表示感谢！希望这本书能成为财会专业大学生的“成长导航仪”，帮助他们在迷茫时找到方向、在行动中积累信心，最终实现从校园到职场的华丽蜕变。

生涯规划不是一成不变的蓝图，而是一个动态调整的过程。愿每一位学生都能主动探索、大胆尝试，在财会领域的广阔天地中，书写属于自己的精彩人生！

张培民

2025 年 5 月 30 日

目　录 | CONTENTS

第 1 章　总论 …… 001

1.1　认识大学 …… 001

1.2　大学的内涵和主要职能 …… 003

1.3　大学阶段的主要任务 …… 005

1.4　如何适应大学生活 …… 009

1.5　学分制 …… 014

第 2 章　财会专业人才培养方案 …… 020

2.1　会计学专业人才培养方案 …… 020

2.2　财务管理专业人才培养方案 …… 032

第 3 章　自我探索 …… 048

3.1　自我与自我认知 …… 050

3.2　探我所适——性格类型及其与职业的关系 …… 054

3.3　选我所爱——职业兴趣及其与职业的关系 …… 072

3.4　做我所能——素质能力与工作胜任力的匹配 …… 092

3.5　寻我所需——个人价值观及其与职业的关系 …… 107

3.6　自我评估——发现独特的自己 …… 116

第 4 章　大学一年级生涯规划 …… 126

4.1　一年级的课程 …… 126

4.2　一年级学习重点 …… 126

4.3　一年级应参加的赛事…… 127
4.4　一年级应培养的能力…… 127

第 5 章　大学二年级生涯规划 …… 133

5.1　二年级的课程…… 133
5.2　二年级学习重点…… 133
5.3　二年级应参加的赛事…… 134
5.4　二年级应培养的能力…… 134

第 6 章　大学三年级生涯规划 …… 139

6.1　三年级的课程…… 139
6.2　三年级学习重点…… 139
6.3　三年级应参加的赛事…… 140
6.4　三年级应培养的能力…… 140

第 7 章　大学四年级生涯规划 …… 144

7.1　四年级的课程…… 144
7.2　四年级学习重点…… 144
7.3　四年级应参加的赛事…… 145
7.4　四年级应培养的能力…… 145

第 8 章　求职准备 …… 167

8.1　财会专业求职方向…… 167
8.2　求职准备…… 168
8.3　面试：获得工作机会的“高考” …… 188

参考文献 …… 196

第1章　总论

凡事预则立，不预则废。

——《礼记·中庸》

从幼儿园、小学到中学，学生一路按部就班，长期处于被动接受的状态，很少有主动思考的机会，这样的过程多少有些“顺理成章”的意味。但是，到了大学，许多人觉醒了，开始对自己的未来惶惶然起来：大学究竟该怎样度过？大学毕业时面对的分岔路口众多，选择空间很大，究竟该何去何从？就业还是考研？如果就业，从事什么行业？是去民营企业还是去国有企业？如果考研，考学硕还是专硕？考什么专业、什么学校？

大学生要从中学的被动学习变为主动学习，知识的专业性较中学也有了很大变化，管理模式也有了明显不同，社团活动更是丰富多彩。没有父母天天催着努力，生活也发生了很大的变化，很多人似乎会有些茫然。

1.1　认识大学

在职业生涯规划课上，老师一般会首先抛出“你为什么要上大学?”这个问题。多数学生会不解：怎么会问这个问题？上高中不就是要考大学吗？考上了就上呗！如果真的要求学生回答，答案会是各种各样的。

“上大学能学到更多的知识，尤其是专业知识，大学是知识的海洋嘛!”

“大学应该是人生中一段重要的经历吧！不上大学一定会很遗憾!”

“十年寒窗苦读，不就是为了考上大学吗?”

“拿了毕业证、学位证好找工作。除非考不上大学，考上了怎么能不上呢?”

…………

我国的大学教育已从“精英教育”过渡到“大众教育”。近年来，高考录取比例超过70%，不上大学的年轻人成为少数。事实上，大多数中学生将“上大学”作为高中学习目标的必选项，只要高考分数足够，“上大学”几乎是顺理成章的事，但绝大部分学生并没有认真考虑“为什么要上大学”这个问题。至于高考后填报的志愿，更是有很大的随机性。由于对所学专业并不了解，很多学生进入大学后会发现自己对专业缺乏兴趣，在学习上得过且过，也不积极参加社团活动。到了大三，看到别人考研，自己也想试试。找工作时才发现，很多单位都很看重大学成绩，而自己由于思想上并未足够重视而成绩平平，甚至有“挂科”记录。

由于大学最重要的录取标准是高考分数，高三乃至高中三年，学生都面临巨大的应试压力，缺乏自由发挥的空间。一些老师和家长为了鼓励他们好好复习，往往将大学生活描绘得非常美好。

“同学们，咬紧牙关坚持到高考啊！等上了大学，就不用这么辛苦了。”

“高考多一分，你就能超越很多人。”

“现在千万不能玩游戏啊！只要你考进了大学，想怎么玩就怎么玩！”

很多学生高三时甚至整个中学阶段都为了高考压抑自己的兴趣，乃至天性，进入大学之后，很自然地就开始“释放自己”了。

总结大一新生的感受，“迷茫”是非常重要的一个关键词。

大学对学生的评价体系是多元化的，学习成绩优异者、科研能力出色者、社会活动能力突出者、实际操作能力特强者、有文体特长者都会成为被关注的对象。即使是没有特长、经过努力也未能取得优异成绩的学生，若做事认真踏实，也是难能可贵的。进入大学后，应尽快明确目标，学会全面评价自己和周围的人。

大学阶段是影响个人未来的重要时期。这段时期，学生身体强健、精力充沛、思维活跃、梦想无限。大家可以不只看分数，在发明创造、社会活动、人际交往中散发魅力；可以展示自己的特长，培养自己的爱好；可以享受独立、自由，不必为生计发愁……

然而，这段美好的旅程终究会结束。这段旅程的终点是哪里？下一段旅程又将如何？

上大学不仅仅是为了获得一纸文凭，也不仅仅是为了学到知识。大学为我们提供了自我认知、自我成长的环境，为我们搭建了交友的平台，帮助我们提升修养、增长见识、培养能力，能大大提高我们改变自己未来生活的可能性。

台湾著名作家龙应台在写给儿子安德烈的信中说：我要求你读书用功，不是因为我要你跟别人比成就，而是因为，我希望你将来拥有更多选择的权利，选择有意义、有时间的工作，而不是被迫谋生。这话大家应该都不陌生，这段话也是上大学的意义所在。

总而言之，上大学的目标应该是多元的。不过，绝大多数学生必须达成一个基本目标——取得毕业证书和学位证书。大学生将在开放的大学校园里度过几年的美好时光，个人成长应该是与取得证书同等重要的事情。

1.2　大学的内涵和主要职能

《辞海》中对“大学”的定义：“实施高等教育的学校。分综合大学、专科大学或学院。中国大学以本科为基本组成部分，有的设专修科和研究生机构。大学本科根据经济社会需要和学校性质分设若干专业，以几种相近的专业组合成系，招收高级中学及同等学校毕业生或具有同等学力者，学习年限一般为四年，医科及某些专业为五年或五年以上。”“学分制”改革后，大学学制调整为3~8年。

1.2.1　大学的内涵

1.2.1.1　大学是高等教育的场所

这里的“高等”具有多方面的含义。一是指在学校教育体系中办学层次“高”。大学是最高的办学层次，大学教育内部又分若干层次，如专科教育、本科教育和研究生（包括硕士研究生和博士研究生）教育。二是指教育内容的层次高。与中小学教育相比，大学传授的不再是基础的科学文化知识，而是具有专业性质的、较为高深的理论和技能，研究生层次的教育则往往涉及学科的前沿领域。三是指教育对象的层次高。能够进入大学学习的人，一般都接受过良好的基础教育并经过严格的选拔，具有较高的智力、能力和知识水平。四是指教育目标的层次高。大学是一个创造新知识的场所，寻找真理被认作大学的重要办学理念之一。现代大学，既是教育教学的中心，也是科学研究的中心，承担着推动人类科学进步、社会发展、文化创新的重要职责。

1.2.1.2 大学具有学科覆盖的广泛性

海纳百川、博大精深是大学教育的本质特征之一。随着社会生产力的进步，人类社会分工越来越精细，对各个专业领域高层次人才的需求日益增加。大学顺应这一时代发展的潮流，建立起覆盖面极广的学科群，分门别类地培养社会所需各类人才。按照《学位授予和人才培养学科目录》(2018 年 4 月更新)，我国高等学校本科教育分为 13 大类，即哲学、经济学、法学、教育学、文学、历史学、理学、工学、农学、医学、军事学、管理学、艺术学，每个大类又包含很多专业。正处在生理和心理成长期的大学生，在大学期间，不仅要学习科学文化和专业知识，还要培养道德、意志、人格等，以实现个人的社会化。

1.2.1.3 大学拥有专业的人才培养计划和标准

大学作为高等教育机构，针对不同学科、不同专业的学生实施有区别的培养方案，包括学习哪些课程、达到多少学分、通过培养具备什么能力、能够掌握哪些岗位需要的能力等。学生通过培养方案规定的课程考核达到毕业要求的，学校颁发毕业证书；符合学位授予要求的，学校授予相应的学位。

1.2.2 大学的主要职能

大学的主要职能体现在三个方面：培养人才、科学研究和服务社会。

1.2.2.1 培养人才

培养人才是大学之本，是大学存在的第一要义，是大学自诞生之日起就肩负的根本任务。培养什么样的人才、怎样培养人才，是高校要面对、思索与完成的基本命题。

1.2.2.2 科学研究

大学是由若干学科、专业组成的，科学研究是大学之根，是大学存在的基础。大学是学术思想最活跃的殿堂，是人类知识的集大成之地。作为科学研究的主力军，大学承担着国家创新系统中最重要的基础研究工作。

1.2.2.3 服务社会

作为社会的重要组成部分，高校必然对社会的发展承担着相应的职责。鉴于高校自身的特征，其社会服务工作应注重知识的沉淀、潜能的挖掘和创新思想的培育，做到努力建立科研转化机制，积极提升理念引领作用，主动把握前瞻社会问题，为提高所在地区乃至整个社会的文化发展层次、经济发展层次以及整体素质不懈奋斗。

1.3 大学阶段的主要任务

大学生的任务就是学习，但显然，大学生在各个阶段的具体学习任务并不相同。更值得关注的是，为了有目的地学习，大学生必须把生涯规划纳入各个阶段的学习中。

舒伯（1910—1994）将人一生的职业生涯划分为五个阶段，分别是成长阶段、探索阶段、建立阶段、维持阶段、退出阶段（见图 1-1）。人在不同的阶段，会面临不同的发展任务，只有将前一个阶段的任务完成好，才能顺利进入下一个阶段。

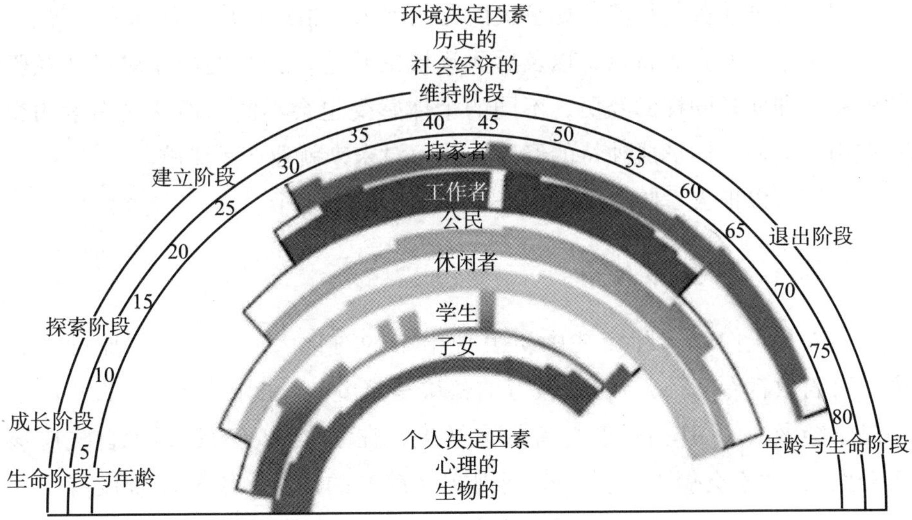

图 1-1 舒伯的生涯彩虹图

大学生处于这五个阶段中的探索阶段，在这一阶段，其主要任务是进入某一专业、职业领域，接受专业化的训练，明确自己的职业倾向。而要完成这一任务，就需要大学生进行深度的自我了解和外部探索，认同自己所学专业，在专业学习和实践中充分积累能力，做好进入职业世界的准备。此外，对大学新生来说，一个重要的生涯任务是适应大学生活，不仅是对校园生活的适应，还包括对学习和人际关系的适应。

按照发展心理学理论，大学阶段是完成自我同一性任务的关键时期。只有顺利完成这些生涯任务，学生才有可能形成清晰的就业目标，积累就业所需人力资本，并且具备良好的就业主动性。

社会学习理论认为，人不会只是被动地接受环境的塑造，在与环境接触过程中，也会发挥自身能动性，人、环境和行为三者会相互影响。

基于社会学习理论，克朗伯兹认为，在职业生涯中，有几类因素会影响我们的决定，具体如下：

一是先天特质和特殊能力，包括种族、性别、外表，以及智力、动作协调能力等。

二是环境，即影响教育和职业的外在因素，如家庭环境、社会环境等。

三是学习经验，包括个体在以前生活中的一切经历，如知识、能力、实践经历等。

四是处理任务的技能，如解决问题的能力、情绪反应、认知方式等。

五是个人的先天特点，以及后天环境的塑造，会影响个体对以往经验的解释。即使是同样的经历，不同的个体感受也会不同。而这些因素的交互作用，会使个体形成独特的经验，从而对未来就业产生影响。

我们可以把大学阶段的主要任务归纳为以下三个。

1.3.1 学会做人

做人是人们在人际交往中所表现出来的对他人、对自己的原则和态度。著名教育专家孙云晓在《教育的秘诀是真爱》一书中指出："教育的核心是学会做人。"作为受教育者的大学生，在大学学习的过程中首先应该学会做人。"学会做人"是一个既现实又深奥的话题，学校里既没有"如何做人"的教材，也没有开设"如何做人"的课程，如何做人，是大学生应该长期用心去思考的问题。在日常的学习和生活中，要做一个有心人，从老师、同学、朋友的言行中去分析和体会。在面对同一件事情时，别人为什么处理得比较好，自己应该从中吸取什么经验？“学会做人”是一个逐渐积累的过程，它不仅是大学阶段的主要任务，也是整个职业生涯的重要内容。统一集团创始人高清愿先生曾说：“学问好不如做事好，做事好不如做人好。”

1.3.2 学会学习

大学不是“职业培训场”，而是一个让学生学会适应社会、适应不同工作岗位的平台。大学生在校学习的目的，其实就是掌握最基本的学习工具和方法，将来利用这些工具和方法去学习新的东西，与其说上大学是为了学一门专业，不如说是为了学会如何学习。因此，在大学期间，学习专业知识固然重要，更重要的是要学习独立思考、解决问题的方法，只有这样，大学毕业后才能跟得上瞬息万变的世界的发展步伐。少数学生会抱怨老师教得不好、懂得不多，学校的课程安排不合理，但“与其诅咒黑暗，不如点亮蜡烛”——大学生应该培养自学能力。美国心理学家斯金纳说：“如果我们将学过的知识忘得一干二净，最后剩下来的东西就是教育的本质。”所谓“剩下来的东西”，其实就是自学的能力，也就是举一反三、触类旁通或无师自通的能力。学校不可能教授大学生今后需要的所有知识，但在大学里，大学生可以学会独立思考并掌握学习的方法，这个“剩下来的东西”，会让大学生将来无论面对怎样的知识变更和激烈竞争，都游刃有余、得心应手。

1.3.3 学会做事

在大学阶段，一个非常重要的任务就是充分利用大学里的各种优质资源，培养自己的职业能力。大学生需要培养的职业能力主要包括专业能力、使用办公软件的能力、收集信息的能力、写作能力和表达能力。

1.3.3.1 专业能力

专业能力是从事专门工作必须具备的能力，主要通过在校的专业学习获得。专业教育是高校人才培养的主要方式之一，大学生对在校期间“学什么”与“学成什么”要有清晰的规划。“学什么”是专业选择的问题，而“学成什么”是专业能力的问题。大学生可以通过获得专业资格证书证明自己的专业能力。有的学生可能会错误地认为，选择一个就业前景好的专业，将来肯定能找到一份好工作。其实不然，现实中常常会出现非专业的毕业生“抢”走了专业毕业生饭碗的现象。大学生一定要学好本专业要求的基础课程，因为在科技发展日新月异的今天，应用领域很多看似高深的技术在几年后就会被新的技术或工具所取代，对专业基础知识的学习是今后工作中再学习的基础，而且如果没有打下良好的基础，很难真正理解高深的应用技术。

1.3.3.2 使用办公软件的能力

计算机的应用已经普及，以计算机为核心的办公自动化在工作中非常普遍，会大大提高工作效率。因此，无论是计算机专业的学生还是非计算机专业的学生，学会使用办公软件都是必须的。这里的办公软件，主要是指人们使用最多的文字处理（Word）、电子表格制作（Excel）以及电子文稿演示（PPT）等工具。

1.3.3.3 收集信息的能力

现代社会是一个信息社会，没有信息，就无法顺利地学习和工作，因此，懂得如何收集自己想要的信息至关重要。有的企业家认为，信息是谋求发展的关键。作为一个身处信息社会的大学生，要懂得用正确的方法去获取正确的信息。学会收集信息对于大学生做出合理的学习或职业生涯规划、培养自学能力等都是非常有帮助的。

1.3.3.4 写作能力

当今社会，书面沟通的作用越来越明显，良好的书面沟通需要沟通者具备良好的写作能力。为了培养和提高写作能力，大学生应该尽可能地选修一些要求写日志、计划书和评估报告的课程，并认认真真地完成这些课程，努力提高自己的写作能力。另外，大学还会专门开设一些写作课程，这类课程对于培养专业写作技能的帮助非常大。无论学习什么专业，大学生都需要具备良好的写作能力。

1.3.3.5 表达能力

有人说“做的好不如说的好”，从这句话中可以看出，做的好很重要，说的好更重要。大学四年，大学生应着力培养自己的表达能力，任何面试都是通过你的表达展现你的能力，如果自己只有“肚才”没有“口才”，则可能错失良机。

1.4 如何适应大学生活

我们先来看一份调研报告。

某高校通过对2021级5023名本科一年级新生的线上调研，得出以下结论。

（1）在录取方式上：我校超过五成的新生认为学校录取方式符合自己的初心，其中，超过九成的新生对学校比较满意。

我校新生填报志愿时，在学校录取方式上，符合初心的人数占比最大，占测评总人数的54.03%，其中，95.36%（满意、比较满意、非常满意的人数占比相加，下同）的新生对学校表示满意；在专业录取方式上，符合初心的人数最多，占38.38%，其中，85.88%的新生对专业表示满意。

（2）在入学观念上：我校新生较为迫切地需要学校提供生涯和就业指导教育，并且国内升学是我校多数人毕业后的意向选择。

我校新生较为迫切地需要学校提供生涯和就业指导教育（迫切程度得分6.97分，满分9分），且多数人认为，学校提供的最有价值的生涯和就业教育形式是生涯规划、就业、创业指导类活动（如生涯体验活动），人数占比为58.31%，其次是提供实习、实践机会，人数占比为57.00%。

我校新生在毕业意向选择上，排在第一位的是国内升学，占比为41.35%，排在第二位的是直接就业，占比为30.66%，排在第三位的是目前还没想法，占比为10.03%。

（3）在人格特质上：我校新生为人处世较为灵活，善于应对人际交往中的各种情形，但成就动机不强，为改变事情的发展所付出的努力不够。

人格特质是指新生在日常生活中具有个体差异的行为表现。这种个体特征差异是影响生涯期望、生涯探索、生涯决策的重要因素。人格特质具有一定的稳定性，能够较好地解释人与人之间的差异性，是预测人的行为的深层次因素。

在测量人格特质的十项指标中，我校新生在“弹性”和“人际洞察”两个指标上的得分最高，分别为5.82分和5.29分，说明我校新生在社会交往过程中，能够根据他人的反应调整自己的行为，且能够较为快速和准确地感受到自己与别人的情绪。我校新生在“成就导向”和“敢为性”两个指标上的得分最低，分别为2.99分和4.03分，说明我校新生成就动机不强，消极看待挑战和变化，敢于采取行动应对挑战的意愿不强。

（4）在自我认同上：我校新生在自我定位和认识上还未达成一致的、稳定的状态。

大学生处于自我认同形成的关键期，而“我是谁”是表达自我认同最直接的方式。本次调研根据学生对自己的关注和探索投入度，将自我认同的发展状态划分为六种类型，我校新生处于“扩散—延缓”状态（投入当前和未来探索的积极性不高）的人数最多，占比56.06%；其次是处于“延缓”状态（虽然现在没有进行高水平的自我投入，但是有强烈的要求将来自我投入的愿望）的，占比18.89%；处于“达成”状态（已充分探索过自己，自我认知很明确，对未来的发展方向也很清晰，并且愿意为自己的选择投入时间和精力）的人数较少，为3.56%。这表明我校新生对自己的价值观、信念、未来发展方向等诸多关于自我的部分认识还不够清晰。

（5）在专业认同上：我校新生对专业处于一般认同状态，表现为虽然对专业较为喜欢，但是缺乏了解。

专业认同是学生在了解专业的基础上，产生情感上的接纳和认可，并伴随积极的行为投入。我校新生在专业认同上的得分为5.19分（满分9分），认同度一般。在专业认同的两个子维度上，专业认知（对专业的了解）得分较低，为4.35分，专业情感（对专业产生的情感上的接纳和认可）得分较高，为6.02分。在人数占比上，我校有22.40%的新生专业认同度较低，44.36%的新生对专业的认知程度较低，10.71%的新生对专业的情感认同较低。这说明我校新生目前对专业比较喜欢，但是缺乏了解。

（6）在大学适应性上：我校新生处于相对适应不良状态，整体上适应尚可，但在学习上出现适应困难。

大学适应性，是指新生进入新环境，能够根据环境的要求调整自己的心理和行为，在达到与新环境的协调和平衡过程中所呈现出来的特征或状态。我校新生的大学适应性总体得分为5.91分（满分9分），处于相对适应不良状态。在大学适应的三个子维度上，我校新生在生活适应上得分最高，为6.25分，其次是人际适应，得分为6.11分，在学习适应上得分最低，为5.37分，且有15.27%的新生出现学习适应困难的问题。在学习上容易出现适应困难的地方在于制订学习计划。由于大学和高中在学习任务与学习目标等多个方面发生了变化，很多新生不知道如何根据大学学习目标制订适合自己的学习计划。

（7）在职业成熟度上：我校新生处于一般成熟水平，不成熟的地方体现在职业信念和态度上。

职业成熟度是个体在一定信息基础上做出的与当前年龄相适应的职业决策，以及成功应对生涯发展任务的准备程度。我校新生的职业成熟度得分为5.78分（满分9分），成熟度水平一般。在职业成熟度的4个子维度上，自我探索得分最高，为6.35分；职业信念和态度得分最低，为4.92分，且有24.19%的新生在该维度上的成熟度水平较低。这说明我校新生的职业态度和看法还不够成熟，这种不成熟主要体现在职业选择上，即新生在职业选择上存在不合理的想法。

对大学新生来说，比较重要的适应包括学习适应、生活适应和人际适应。

学习适应，是指新生根据环境变化及学习需要，努力调整自己的动力和行为，达到与学习环境平衡的心理和行为的过程。

生活适应，是指新生脱离父母师长的监控与服务，对新环境中作息、自我约束、理财等方面能够有效安排，实现独立自主生活的过程。

人际适应，是指新生主动调适自己，在适应新的社会群体、建立良好人际关系的过程中呈现出来的心理观念或行为模式。

新生入学适应难成为普遍问题。有关研究表明：学生在大学一年级的学习生活情况（特别是新生适应期的情况）对其大学四年的学习、工作成就及以后的差异分化的贡献率占了整体的53%。由此可以推断，一年级新生的入学适应对其整个大学阶段的学习、生活、发展具有重要影响，也是大学生成长、发展的关键环节。

对新生而言，适应是其入学后的第一个任务，也是最关键、最基础的任务。达到良好的适应状态有利于其顺利实现角色转变，正确认识自我，并在认识自我的过程中确立目标，采取相应行动，进而顺利完成学业。

适应不良会导致多种问题。例如：在学业发展上，可导致学生学习动力不足、学习方法不对、无法全身心投入专业学习等问题；在日常生活中，可导致学生无法独立自主安排生活，课余时间无所事事，虚度大学光阴等问题；在人际交往上，可导致学生人际关系紧张，无法从人际交往中获得情感支持等；在未来发展上，学生无法投入自我探索和职业探索，对未来就业感到迷茫、缺乏目标，乃至在毕业求职时产生逃避心理等。

适应不良造成的困扰是直接且明显的。那么，大学生应该如何适应大学生活呢？本节主要从以下几个方面进行阐述。

1.4.1 角色转变——在大学里找准自己的位置

进入大学以后，应尽快适应大学生活。首先，要学会对自己做出公正、全面的评价，不要“死盯”着自己的弱势，要善于挖掘和发挥自己的优势，弥补自己的不足。即使没有什么特长，社交能力、组织才干也一般，如果文采很好、英语口语很流利或者口才不错，也能找到发光的“土壤”。人的知识、才能通常处于离散状态，需要不断地去发现和开发，平心静气地、慢慢地发掘自己的优势并扬长避短，大学生活就一定会过得很精彩。

1.4.2 培养生活自理能力

1.4.2.1 确立独立生活信念

从一定意义上说，进入大学就意味着独立走向社会、走向生活。要实现自己的理想，需要摆脱依赖、等待和犹豫，树立自信、自律、自立、自强的信念，勇于独立面对社会和生活。

1.4.2.2 虚心求教，细心体察

面对新的生活环境，大学生随时都可能遇到以前没有遇到过的问题、矛盾或困惑。为了尽快提高自身的综合素质，大学生必须在各个方面虚心求教、细心体察，多向周围的老师和同学学习。

1.4.2.3 大胆实践，不断积累生活经验

人们常说：“生活是最好的老师。”任何能力都是在实践中积累起来的，都是从不会到会、从不熟练到熟练的过程，只有在生活实践中不断磨砺，才能逐渐增强独立生活的信心，提高独立生活的能力。

1.4.3 树立新的学习理念

1.4.3.1 树立自主学习的理念

大学生应该有明确的学习目的，自觉适应专业要求和社会需要，积极主动地掌握相关知识和技能，使自己真正成为学习的主人。在大学阶段，学生有大量的自学时间、自由的学习空间。大学在营造自主学习浓厚氛围的同时，也对学生自主学习理念的培养提出了更高要求。

1.4.3.2 树立全面学习的理念

大学生既要认真学好专业知识，又要学好与专业相关的其他方面的知识，以及有利于提高自身素质的各方面知识。除此之外，更重要的是掌握科学的方法，培养探索精神，学会收集、处理、选择和管理信息，提高分析、解决实际问题的能力。

1.4.3.3 树立创新学习的理念

大学生既要脚踏实地，打下扎实的专业根基，又要善于思考、勇于开拓，不断激发自己的创新意识，要敢于突破陈旧的思维定式，努力从事探索性工作，培养创新精神。

1.4.3.4 树立终身学习的理念

当今世界，科技发展日新月异，知识、信息的更新速度空前加快，大学生不仅要学习和掌握专业基础知识，也要为今后继续学习、终身学习奠定良好基础。大学毕业只是告别学校，并不是告别学习，不断学习新知识、获得新本领，是适应社会发展的基本要求。

1.4.4 培养优良学风

在大学阶段，学习是主要任务，大学生要树立良好的学风，在勤奋、严谨、求实、创新上下功夫。

有关研究显示，在校园招聘会中，企业比较关注大学生的以下素质：认真负责、团队合作、学习能力、抗压能力、沟通能力、坚韧性、积极主动、适应转变、高效执行、严谨细致。

给大学生的十点忠告

1. 进入大学会接触到新的人，你对他们来说是一张白纸，这是你塑造自我形象的最好时机，应改掉以前的缺点，以全新的形象投入全新的环境。

2. 大学的朋友很可能是将来事业的一部分，他们会帮助你，同时，你也应该让自己有帮助他们的实力。

3. 很多事情你在回忆时会发现其实没什么，所以，不管你当时多么生气、愤怒，都要告诉自己不必这样。

4. 学业，永远别忘记它。尽管有人说大学是一个提高综合能力的地方，但是如果你的学业荒废了，你就什么也不是——不排除意外，但你考虑好了吗？你会是那个意外吗？

5. 尊严是很重要的，但是在大学里，要学会打磨自己，让自己有足够大的心理承受力。要知道，社会是一个最喜欢打碎人尊严的地方，除了你自己，没人会为你保护它。

6. 如果四年内很少去图书馆，你就相当于浪费了一大笔财富。大学四年，要记得常去图书馆坐坐，多看看书，你一定会有很大收获。

7. 别迷恋网络游戏，千万别！

8. 如果你的个性让很多人对你敬而远之，那么你的个性是有问题的，个性的闪光之处应在于能吸引他人，而不是排斥他人。

9. 每个人都有潜在的能量，只是很容易被习惯掩盖、被时间忽略、被惰性消磨。

10. 你可以看不惯一些东西，但应该学会接受——如果你没有办法改变的话。

1.5 学分制

学分制，是指以选课为核心，通过绩点和学分衡量学生学习质量的综合教学管理制度。学分制首创于美国哈佛大学，与班建制、导师制合称“三大教育模式”。

云南省高校从2019年开始推行学分制改革，多数学校处于部分学分制阶段。

1.5.1 学分制的起源

“学分”是用来计算学生学习量的一种单位，是学生通过课堂或实验室从事学术工作并且连续一个学期的量，不包括学生与老师或同学之间进行的课外讨论与交流、准备考试，以及从事其他与课程有关但与课程教学无直接联系的学术工作的量。这个关于学分的定义是由美国卡内基教学促进基金会提出的，得到了广泛的认可。用学分衡量学生的学习量便是学分制，又称“学分累计制”。它以学分为计算学生学习量的单位，认为学生若要获得某个学术性的学位，如学士学位、硕士学位或博士学位，必须达到某个最低限度的学分量。这个学分量代表着学生修习的课程量。1894年，美国哈佛大学医学院在选课制的基础上建立了学分制。20世纪初，美国绝大多数高等学校陆续推行了学分制。目前，中国多所高校也在推行学分制。

1.5.2 学分制的含义

学分制是与学年制对应的教学管理制度。学年制是以学年为计量单位衡量学生学业完成情况的教学管理制度；学分制则是把规定的毕业最低总学分作为衡量学生学习量和毕业标准的一种教学管理制度，选课、学制都更加灵活。经过100多年的发展，学分制逐步形成了完善的体系。

目前，我国的学分制充分体现了“以人为本”的教育思想，尊重学生选课、选老师、选修学计划的自由，有利于培养学生的个性，充分发挥其潜能。在学分制下，学校就像一个教育大超市，里面的“课程”商品琳琅满目，学生就是顾客。上什么课，自己选，想听哪位老师的课，自己挑，什么时候上课和做实验，自己定，颠覆传统的应试教学，让学生实现“选我所爱，爱我所选”。优秀学生可以用较短时间修习完本科课程，提前进入研究生学习和个性化学习阶段；而学习能力稍差的学生，则可以利用相对长的时间筑牢基础，具备一定的就业能力之后，再走向社会。

1.5.3 学分制的优点

学分制的优点主要体现在以下八个方面：

（1）以学分代替学年。以弹性的教学计划和学制代替刚性的教学计划和学制，需要教学计划有较大的时间弹性和选课弹性。以选课代替排课，允许学生根据自己的能力和兴趣安排个人的修学计划，甚至随时改变专业。

（2）能够增强老师的竞争意识，有利于提高教学效果。在自主选课制度下，学校可以把选课的人数作为评价老师教学水平的标准，从而有利于提高教学效果。

（3）能够真正实现“选我所爱，爱我所选”，激发学生学习的积极性、主动性和独立性，有利于因材施教，有效开发学生的潜能。

（4）高校学分制收费对缓解当前贫困生学费难题有积极意义。一个家庭贫困的学生，如果选择三年修完全部学分，实质上减少了接受高等教育的总费用。同样，有的贫困生可以通过延长毕业期限（8 年以内），适当少修学分、半工半读的方式，缓解学费负担。

（5）在规定的有较大弹性的学籍有效时间内，允许学生有一定的选学课程的自由。只要学生学完教学计划规定的必修课，完成必要的实践性教学活动，并选学部分选修课，修满教学计划规定的毕业总学分，且思想品德经鉴定符合要求，即可毕业。

（6）有助于缓解集中就业压力，促使学生就业。相对于非学分制，学分制可以使学生提前一年或半年就业，当其他大多数院校的学生还在为写毕业论文而努力时，修满学分的学生可以在较小的竞争压力下提前就业。

（7）学分制有利于整合教育资源。过去一些学校开设的课程重复较多，即同一内容在不同课程中反复讲，这从某种程度上说是对教育资源的浪费。实行学分制以后，学生可以不选重复课程。

（8）学分制改革提高了收费的透明度，规范了收费行为。以往学校每年只是给学生一个学费的总数，不管学生选多少课，均按统一标准缴纳学费，也就是说，提前毕业的学生要与正常毕业的学生缴纳同样金额的学费。实施学分制改革以后，每个学分“明码实价”，学生心里有底，可以根据自己的经济情况进行选择。

1.5.4 学分制的不足

学分制的不足主要体现在以下三个方面：

（1）教学计划强制力减弱，学生在修学计划上实现充分自由，在第一学期，学生往往会因选课经验不足而出现一定程度的迷茫，需要相关人员加强指导。

（2）学生选课自由度加大，班级概念弱化，容易导致学生缺乏集体荣誉感，给老师对学生的管理带来一定的困难。

（3）对学生学习过程的约束力较小，学习过程基本靠自觉，需要学生有较强的自我管理和自我约束能力。

1.5.5 我国学分制的发展

1918 年，教育学家蔡元培先生在北京大学首次实施“选科制”，这是学分制被引入我国高等教育领域的标志性事件。

我国高校学分制并非完全是西方舶来品，早在唐代，我国教育领域就有必修课与选修课之分。学分制在我国的发展带有独特的中国标识和浓厚的文化底蕴，可分为以下三个阶段。

第一阶段：唐宋明时期学分制发轫之端

学分制以选修制为基础，可以说没有选修制就没有学分制。早在 9 世纪前就设置了选科制，分设经学、算学、律学和医学等科目。各大科目均设置必修课和选修课。对于必修课，学生需“皆兼道之”；对于选修课，学生可根据个人兴趣自由选择修习科目，学习年限没有硬性规定。我国唐代这种分科教学模式可视为选修制的初始形态。

在选修制的基础上，宋明时期出现了中国独有的“学分制”，即积分法。积分法是指以学分作为课程学习的计量单位，根据学分量来授予毕业证书。早在宋神宗熙宁年间，王安石就主张对教育进行改革，并采取了一系列措施，史称“熙宁变法”，其中最有名的教育改革措施是“三舍法”。直至明代，太学分为六堂，即广业、崇志、正义、诚心、修道和率性，“六堂诸生有积分之法，司业二员分为左右，各提调三堂”。升堂取决于学生的积分量，“分”是记录学生成绩的基本计量单位，这与当代学分制有着异曲同工之妙。

第二阶段：新中国成立前后学分制蓬勃发展

1918 年，蔡元培在北京大学推行选科制，以课程为计量单位统计最后学分。北京大学率先举起了在高校采用学分制的旗帜，在中国高等院校掀起了一场学分制改革的浪潮。随着学分制的广泛运用，其弊端也逐渐显现，废止学分制的呼声越来越高。学分制的本意是最大限度地尊重学生的个人意愿，充分激发学生的学习兴趣，但在发展的过程中，它逐渐成为学生取得毕业证书的捷径。西南联大将学分制改革后推而广之，才使学分制繁荣起来。西南联大在保持学分制基本内涵的前提下，完善了其实施细则。学生仍然有选择课程的权利，但课程进度由任课老师决定，即不能跳跃某一学习阶段，也不能跳修某一课程。西南联大提高了课程的难度和精度，以及课程内容的质量和考核难度，“及格学分占选修学分 1/2 以上者，由西南联大颁发进修证明书”。如果学生某门课程不及格，只能选择重修，学分不够则不能毕业，这在很大程度上提高了人才培养的质量。西南联大是在抗日战争的特殊背景下由国立北京大学、国立清华大学和私立南开大学组建而成的，其学分制具有鲜明的创新性。西南联大允许学生在三校之间跨校自由选课，所获学分通用互认，开创了中国高等教育学分互认的先河。西南联大学分制的成功范本为全国高校树立了榜样，许多从西南联大顺利毕业的学生成为国家的栋梁之才。新中国成立后，从个别高校实施学分制，逐渐发展到全国遍地开花。

第三阶段：改革开放后学分制日臻完善

改革开放后，国家和社会的稳定发展为学分制的进一步完善提供了土壤。高考的恢复为高等教育的蓬勃发展提供了生机，高等院校的教育教学和管理活动逐渐走向正轨。改革开放所带来的思想解放和自由民主的氛围，为高等院校的制度改革提供了良好的契机。升级人才培养模式，提高毕业生质量，成为高等教育事业发展的重中之重，而学分制作为高等教育制度的关键抓手，被视为高校回归正轨的标志。1978 年 3 月，时任国务院副总理方毅在全国科学大会上指出，“有条件的高等学校要实行学分制”，掀起了高校试行学分制的热潮。此后，清华大学、上海交通大学、武汉大学和南开大学等高校纷纷响应国家政策的号召，开始实施学分制。1985 年，第二次全国教育工作会议顺利召开，并颁布了《中共中央关于教育体制改革的决定》（简称《决定》），指出“增加实践环节，减少必修课，增加选修课，实行学分制”。在《决定》的号召下，全国大多数高校开始实施学分制。这不仅为学分制的发展积累了宝贵的经验，也为学分制调控功能的发挥拓展了空间。学分制可以高效且合理地分配课程资源，符合社会需求且深受学生喜爱的课程会不断开设，那些落后且烦琐的课程会逐渐被淘汰。1994 年，《国务院关于〈中国教育改革和发展纲要〉的实施意见》强调，应“逐步实行学分制，在确定必修课的同时，设立和增加选修课，拓宽学生的知识视野，激发学生学习的主动性和创造性”。在这一背景下，选修课比重的逐渐提高激发了学分制调节功能发挥的潜力。当然，在学分制实施过程中也暴露出一些问题，如单一的学分难以反映学生的综合能力，于是学分制逐渐和绩点制结合起来，从而在一定程度上避免了课程资源和教师资源的浪费，对于合理分配教育教学资源以及提高人才培养质量也具有重要意义。学分制在不断摸索中前行，在发展中不断调整，逐渐演变为具有中国特色的高等教育教学管理制度。

第2章　财会专业人才培养方案

财会专业主要指会计学和财务管理专业，很多高校还设立了审计专业。本章我们以会计学和财务管理专业人才培养方案为例进行介绍。人才培养方案就是专业教学的指挥棒，当代财会专业大学生要结合人才培养方案，充分了解大学四年的学习目标，做好大学生生涯规划。

2.1　会计学专业人才培养方案

2023年会计学（主修）

主修 | 2023年 | 本科 | 管理学院（会计学院） | 会计学 | 155学分

2.1.1　培养目标和培养规格

2.1.1.1　培养目标

会计学专业培养践行社会主义核心价值观，具有社会责任感、公共意识和创新精神，适应国家特别是民族地区社会经济发展需要，具有人文精神和科学素养，具备扎实的经济管理理论基础和系统的会计学专门知识，掌握现代经济管理理论及管理方法，了解会计学前沿动态和实践现状，具有国际视野、本土情怀、创新意识、团队精神和沟通技能，能够在各类企事业单位、行政机关、社会团体及其他社会经济组织等从事会计、审计和财务管理工作的应用型及复合型人才。

2.1.1.2 培养规格

1）知识要求

通过大学本科阶段的学习，掌握较为扎实的经济学、管理学基本理论，掌握系统的会计学、审计学和财务管理等专门知识，熟悉我国财经法律法规、相关政策、国际会计准则和国际会计惯例，了解会计学相关学科的前沿动态和实践现状。

2）能力要求

通过大学本科阶段的学习和训练，具备较强的从事各类企事业单位、行政部门、社会团体及其他社会经济组织会计、审计、财务及其他相关工作的能力；掌握现代常用管理方法及管理手段，并具备应用这些方法和手段解决会计实际问题的能力；拥有良好的表达能力、沟通协调能力和外语交流能力，提升四、六级英语考试通过率；能够熟练收集、处理和应用管理信息，并初步具备独立从事会计学术研究的能力。

3）素质要求

具有坚定正确的政治方向；拥有正确的世界观、人生观、价值观与积极向上的生活态度，社会责任感强；具备良好的道德品质、职业素养和团结协作精神，集体荣誉感强；具有较深的文化涵养、较宽的国际视野及较强的创新精神，开拓意识强；提升国内外研究生报考率。

2.1.2 培养的具体要求

2.1.2.1 专业素养

坚持社会主义核心价值观，具有高度社会责任感、公共意识和创新精神；严格遵守国家法律法规和财经纪律，严格执行会计准则和有关会计规范；熟练应用现代会计及与其相关的理论和方法，采用现代管理手段和管理工具，研究和解决企事业单位、党政机关、社会团体及其他社会经济组织等的会计、审计和财务管理方面的现实问题。

2.1.2.2 理论基础

具备扎实的经济学、管理学和法学相关理论基础；系统掌握会计学基本理论及与之相关的金融学、财务管理和审计学专门知识，了解会计学相关理论的前沿动态及会计实践的发展现状；对哲学、文学、历史学、心理学、政治学、社会学和艺术学等人文社会科学和信息科学技术的相关知识有充分的了解。

2.1.2.3 通识技能

具备较强的信息获取能力，能够结合工作和事业发展的需要从文献、数据库、媒体及其他信息载体中有效获取并处理信息；具有较强的沟通交流能力，能够通过语言和文字有效表达思想、展示能力、分享经验，并能使用英语进行交流；具有较强的组织协调能力，能够围绕工作任务和目标整合资源，有效达成工作目标。

2.1.2.4 学习能力

具有较强的自主学习的能力和终身学习的理念；能够结合经济的发展、社会的进步不断学习新理论、新知识和新方法；及时跟踪和把握会计理论的最新发展、会计准则的最新变化以及会计管制的最新要求，了解相关信息技术的最新变化及其对会计实践的影响，持续改进会计实务，提升会计工作的效率。

2.1.2.5 个人发展

具有较强的团队合作意识和集体荣誉感，能够团结同事，较好地与他人沟通交流；具有积极向上的人生态度和高尚的品格；能够结合国家建设的需要，特别是边疆民族地区社会经济建设的需要，确立自身发展目标；立足所在岗位及其发展趋势，将个人的发展融入工作实践和团队的整体进步，不断营造有利于自身发展的微观环境。

2.1.3 毕业要求

2.1.3.1 基础知识与工程知识

熟悉国家法律法规和财经纪律、会计准则和有关会计规范；系统掌握政治经济学、管理学、经济法和信息技术的基本概念、基本原理及基本方法；全面掌握会计学基本理论及与之相关的金融学、财务管理和审计学专门知识；了解会计学相关理论的前沿动态及会计实践的现状。

2.1.3.2 问题分析

在分析和解决会计问题方面接受系统训练，能够熟练应用会计学及与之相关的理论和方法，基于单位管理目标的现实需要，在国家法律法规规定的范围内，深入分析企事业单位、党政机关、社会团体和其他社会经济组织等的会计、审计与财务管理实践问题，并提出有效的解决方案。

2.1.3.3 研究

充分认识会计理论的发展、会计准则的变迁、会计实务的演进、会计方法的选择及与之相关的环境影响，从中发现值得深入探讨的内容，并结合研究需要从文献、数据库、媒体及其他信息载体中获取有效信息，在会计理论的指导下采用数量分析方法对相关信息进行分析，得出研究结论。

2.1.3.4 使用现代工具

对现代管理工具有充分的了解，系统掌握现代会计工作的手段、方法和工具，能够熟练利用会计信息系统进行会计数据的处理、传输与储存；对财务共享及其机理有全面的了解，能够适应财务共享中心运行的角色需要；掌握现代统计方法及常用统计软件的用法，能够结合会计研究的需要，采用统计软件对数据进行熟练的定量分析。

2.1.3.5 职业规范

熟悉我国财经法律、法规和相关政策，明确会计运行的法制环境，对当前经济法、税法和其他财会法规及政策的相关内容有充分的了解；明确会计运行的具体标准，对当前会计准则和相关会计核算制度及会计处理方法有系统的把握；明确会计人员的职业操守，对商业伦理与会计职业道德有深入的了解并能自觉遵守。

2.1.3.6 个人和团队

拥有正确的世界观、人生观、价值观与健康向上的生活态度及较强的社会责任感；具备高尚的道德品质、良好的职业素养、较强的集体荣誉感和团结协作精神，能顺应国家建设特别是边疆民族地区社会经济建设的需要，确立自身的发展目标，将个人的发展有机融合在工作实践和团队的整体进步中。

2.1.3.7 沟通

具有较强的文字功底、口头表达能力，以及良好的英语听说读写基础，能够通过语言和文字有效表达思想、展示能力、分享经验，促进沟通和交流目标的充分实现；具有较强的说服能力和组织协调能力，能够围绕工作任务和目标整合资源，最终达成目标。

2.1.3.8 终身学习与社会适应性

职业生涯规划明确，具有终身学习的理念和基础，以及较强的适应能力，能够自主学习新的专业理论、专业知识和专业方法，及时跟踪和把握会计理论的最新发展、会计准则的最新变化、会计管制的最新要求，了解相关信息技术的最新变化及其对会计实践的影响，顺应经济的发展和社会的进步，持续改进会计实务。

2.1.4 培养目标支撑矩阵

毕业要求未设置培养目标支撑矩阵。

2.1.5 学制、学分与学位

本科标准学制为 4 年，学生可在 3~8 年完成学业。学生完成会计学专业培养方案规定的要求，考核合格，修读完人才培养方案规定的 155 分准予毕业。符合学位授予标准的学生，授予管理学学士学位。

2.1.6 核心课程

核心课程见表 2-1。

表 2-1　核心课程

序号	课程名称	性质	课程负责人
1	管理学	必修	
2	经济法	必修	
3	初级会计学	必修	
4	中级财务会计	必修	
5	高级财务会计	必修	
6	管理会计学	必修	
7	审计学	必修	
8	财务管理	必修	
9	会计信息系统	必修	
10	会计职业道德	选修	

2.1.7　学分要求

学分要求见表 2-2。

表 2-2　学分要求

平台	课程模块	修读性质	修读学分（分）	占总学分比重（%）
通识教育课	公共必修课	必修	38	30.97
	素养教育课	选修	10	
专业教育课	学科专业类基础课	必修	16	61.29
	专业基础课	必修	40	
	专业选修课	选修	39	
综合实践		必修	12	7.74
合计			155	100

2.1.8　课程设置及学时、学分分配

课程设置及学时、学分分配见表 2-3。

表 2-3　课程设置及学时、学分分配

课程模块		课程代码	课程名称	学分	总学时	理论学时	实验学时	实践学时		开课学期	是否必修	开课部门
								集中	分散			
通识教育课	公共必修课	02010025	习近平新时代中国特色社会主义思想概论	3	48	48				5	是	马克思主义学院
		02010028	毛泽东思想和中国特色社会主义理论体系概论	3	48	48				4	是	马克思主义学院
		0201041	马克思主义基本原理概论	3	48	48				3	是	马克思主义学院
		0201042	中华民族共同体教育	2	32	32				2	是	马克思主义学院
		0201046	思想道德修养与法律基础	3	48	32				1，2	是	马克思主义学院
		0201047	中国近现代史纲要	3	48	48				1，2	是	马克思主义学院
		0201089	形势与政策	2	32	32				8	是	马克思主义学院
		0701220	公共体育 1	1	32	32				1	是	体育学院
		0701223	公共体育 2	1	32	32				2	是	体育学院
		0701226	公共体育 3	1	32	32				3	是	体育学院
		0701229	公共体育 4	1	32	32				4	是	体育学院
		1001287	大学英语 1（读写译）	2	32	32				1	是	外国语学院
		1001288	大学英语 1（视听说）	2	32	32				1	是	外国语学院
		1001289	大学英语 2（读写译）	2	32	32				2	是	外国语学院
		1001290	大学英语 2（视听说）	2	32	32				2	是	外国语学院
		1001291	大学英语 3	2	32	32				3	是	外国语学院
		1001292	大学英语 4	2	32	32				4	是	外国语学院
		13010114	大学计算机	2	32	32				1	是	数学与计算机科学学院
		9901001	国防教育及军事训练	1	32					1	是	教务处
		要求学分：38										
	素养教育课	要求学分：10										
	要求学分：48　要求完成子模块数：2											

续表

课程模块		课程代码	课程名称	学分	总学时	理论学时	实验学时	实践学时		开课学期	是否必修	开课部门
								集中	分散			
专业教育课	学科专业类基础课	1601022	概率论与数理统计	3	54	54				4	是	管理学院（会计学院）
		1601042	管理学	3	54	54				1	是	管理学院（会计学院）
		1601166	微积分二	3	54	54				2	是	管理学院（会计学院）
		1601167	微积分一	3	54	54				1	是	管理学院（会计学院）
		1601172	线性代数	2	36	36				3	是	管理学院（会计学院）
		1601217	大学生职业生涯规划	1	18	9		9		2，3，4	是	管理学院（会计学院）
		1601218	大学生就业指导	1	18	9		9		5，6，7	是	管理学院（会计学院）
		要求学分：16										
	专业基础课	1601006	财务管理	3	54	36		18		5	是	管理学院（会计学院）
		1601015	初级会计学	3	54	36		18		2	是	管理学院（会计学院）
		1601026	高级财务会计	3	54	36		18		5	是	管理学院（会计学院）
		1601037	管理会计学	2	36	36				7	是	管理学院（会计学院）
		1601056	宏观经济学	3	54	54				4	是	管理学院（会计学院）
		1601062	会计信息系统	3	54	18				6	是	管理学院（会计学院）
		1601079	经济法	2	36	36				3	是	管理学院（会计学院）
		1601144	审计学	3	54	36		18		5，6	是	管理学院（会计学院）
		1601153	税法	2	36	36				4	是	管理学院（会计学院）
		1601159	统计学	3	54	54				3	是	管理学院（会计学院）
		1601164	微观经济学	3	54	54				3	是	管理学院（会计学院）
		1601198	政治经济学（1）	2	36	36				1	是	管理学院（会计学院）
		1601200	政治经济学（2）	2	36	36				2	是	管理学院（会计学院）
		1601205	中级财务会计（1）	3	54	36				3	是	管理学院（会计学院）
		1601206	中级财务会计（2）	3	54	36				4	是	管理学院（会计学院）
		要求学分：40										

续表

课程模块		课程代码	课程名称	学分	总学时	理论学时	实验学时	实践学时		开课学期	是否必修	开课部门
								集中	分散			
专业教育课	专业选修课	16010007	保险概论	2	36	36				2，3，4，5，6，7	否	管理学院（会计学院）
		16010008	财务共享服务	2	36	36				2，3，4，5，6，7	否	管理学院（会计学院）
		16010009	东南亚国家会计概论	2	36	36				2，3，4，5，6，7	否	管理学院（会计学院）
		16010012	管理数学	2	36	36				5，6，7	否	管理学院（会计学院）
		16010013	专业综合实训（1）	1	16		16			3，4，5，6，7	否	管理学院（会计学院）
		16010014	专业综合实训（2）	1	16		16			3，4，5，6，7	否	管理学院（会计学院）
		16010015	财经数据挖掘与分析	2	36	36				2，3，4，5，6，7	否	管理学院（会计学院）
		16010016	财经大数据应用	2	36	36				2，3，4，5，6，7	否	管理学院（会计学院）
		16010017	管理英语 A	2	36	36				2，3，4，5，6	否	管理学院（会计学院）
		16010018	管理英语 B	2	36	36				2，3，4，5，6，7	否	管理学院（会计学院）
		16010019	财经理论与政策	2	36	36				2，3，4，5，6，7	否	管理学院（会计学院）
		1601011	成本会计	2	36	36				2，3，4，5，6，7	否	管理学院（会计学院）

续表

课程模块		课程代码	课程名称	学分	总学时	理论学时	实验学时	实践学时		开课学期	是否必修	开课部门
								集中	分散			
专业教育课	专业选修课	1601023	高级财务管理	3	54	36		18		2，3，4，5，6，7	否	管理学院（会计学院）
		1601029	公共关系学	2	36	18		18		2，3，4，5，6，7	否	管理学院（会计学院）
		1601040	管理信息系统	2	36	18		0	0	2，3，4，5，6，7	否	管理学院（会计学院）
		1601045	管理咨询	2	36	18				2，3，4，5，6，7	否	管理学院（会计学院）
		1601050	国际金融与贸易	2	36	18		18		2，3，4，5，6，7	否	管理学院（会计学院）
		1601059	会计理论	2	36	18				4，5，6	否	管理学院（会计学院）
		1601067	会计职业道德	2	36	36				2，3，4，5，6，7	否	管理学院（会计学院）
		1601070	货币银行学	2	36	18		18		2，3，4，5，6，7	否	管理学院（会计学院）
		1601075	金融工程概论	2	36	36				3，4，5，6，7	否	管理学院（会计学院）
		1601081	经济应用文写作	2	36	18		18		2，3，4，5，6，7	否	管理学院（会计学院）
		1601116	纳税筹划	2	36	18		18		2，3，4，5，6，7	否	管理学院（会计学院）
		1601121	企业风险管理	2	36	18				5，6，7	否	管理学院（会计学院）

课程模块		课程代码	课程名称	学分	总学时	理论学时	实验学时	实践学时		开课学期	是否必修	开课部门
								集中	分散			
专业教育课	专业选修课	1601123	企业内部控制	2	36	18				4，5，6，7	否	管理学院（会计学院）
		1601125	企业战略管理	2	36	18		0	0	2，3，4，5，6，7	否	管理学院（会计学院）
		1601147	市场营销	2	36	18				2，3，4，5，6，7	否	管理学院（会计学院）
		1601158	统计软件应用	2	36	18		18	0	5，6，7	否	管理学院（会计学院）
		1601195	证券投资学	2	36	36				2，3，4，5，6，7	否	管理学院（会计学院）
		1601213	资产评估	2	36	18		0	0	2，3，4，5，6，7	否	管理学院（会计学院）
		1601214	组织行为学	2	36	18				2，3，4，5，6，7	否	管理学院（会计学院）
		1601222	会计综合模拟实验	2	36	18	18			2，3，4，5，6，7	否	管理学院（会计学院）
		1601229	金融企业会计	2	36	36				2，3，4，5，6，7	否	管理学院（会计学院）
		1601230	财务报表分析	2	36	36				2，3，4，5，6，7	否	管理学院（会计学院）
		1601231	审计实务与案例	3	54					3，4，5，6，7	否	管理学院（会计学院）

课程模块		课程代码	课程名称	学分	总学时	理论学时	实验学时	实践学时		开课学期	是否必修	开课部门
								集中	分散			
专业教育课	专业选修课	1601232	政府会计	2	36	36				2，3，4，5，6，7	否	管理学院（会计学院）
		1601233	税法实务与案例	3	54	18	36			2，3，4，5，6，7	否	管理学院（会计学院）
		1601235	经济法实务与案例	3	54	54				2，3，4，5，6，7	否	管理学院（会计学院）
		1601236	管理前沿理论专题	1	18	18				2，3，4，5，6，7	否	管理学院（会计学院）
		要求学分：39										
	要求学分：95　要求完成子模块数：3											
综合实践		16010001	劳动教育	0	32					8	是	管理学院（会计学院）
		1601002	毕业论文（设计）	4	72					8	是	管理学院（会计学院）
		1601139	社会实践	2	36					8	是	管理学院（会计学院）
		1601210	专业实践及毕业实习（实训）	6	108					8	是	管理学院（会计学院）
		要求学分：12										
要求学分：155												

2.2 财务管理专业人才培养方案

2023年财务管理（主修）

主修丨2023年丨本科丨管理学院（会计学院）丨财务管理丨155学分

2.2.1 培养目标

财务管理专业培养德智体美劳全面发展，践行社会主义核心价值观，具有社会责任感、公共意识和创新精神，适应国家特别是民族地区社会经济发展需要，具有人文精神和科学素养，具备扎实的经济管理理论基础和系统的财务管理专门知识，掌握现代经济管理理论及管理方法，了解财务管理前沿动态和实务，具有国际视野、本土情怀、创新意识、团队精神和沟通技能，能够在各类企事业单位、行政机关、社会团体及其他社会经济组织等机构从事财务管理、会计和审计等相关工作的应用型和复合型人才。

2.2.2 培养规格

2.2.2.1 知识要求

系统掌握管理学和经济学的基本理论和基础知识；掌握财务管理的基本理论与定量分析技术；熟悉我国财经法律法规、投融资相关政策，以及资本市场与金融工具的前沿动态和制度背景；了解国际金融市场惯例及财务管理相关学科的前沿动态和实践现状。

2.2.2.2 能力要求

通过大学本科阶段的学习和训练，具备较强的从事企事业单位、政府部门、社会团体及其他社会经济组织财务会计管理及其他相关工作的能力；掌握现代常用管理方法及管理手段，并具备应用这些方法和手段解决财务实际问题的能力；拥有良好的表达能力、沟通协调能力和外语交流能力；能够熟练收集、处理和应用财务管理信息，并初步具备独立从事财务管理学术研究的能力和创新能力。

2.2.2.3 素质要求

具有坚定正确的政治方向；拥有正确的世界观、人生观、价值观与积极向上的生活态度，社会责任感强；具备良好的道德品质、职业素养和团结协作精神，集体荣誉感强；具有较深的文化涵养、较宽的国际视野及较强的创新精神，开拓意识强；提升国内外研究生报考率。

2.2.3 培养的具体要求

2.2.3.1 专业素养

坚持社会主义核心价值观，具有高度的社会责任感、公共意识和创新精神；严格遵守国家法律法规和财经纪律，严格执行会计准则和有关会计规范；熟练应用现代财务管理及与之相关的理论与方法，采用现代管理手段和管理工具，研究和解决企事业单位、党政机关、社会团体及其他社会经济组织等机构的财务管理、会计和审计等方面的现实问题。

2.2.3.2 理论基础

具备扎实的经济学、管理学和法学相关理论基础；系统掌握财务管理基本理论及与之相关的金融学、会计学和审计学专门知识，了解财务管理相关理论的前沿动态及财务管理实务的发展现状；对哲学、文学、历史学、心理学、政治学、社会学及艺术学等人文社会科学和信息科学技术的相关知识有充分了解。

2.2.3.3 通识技能

具备较强的信息获取能力及数据分析能力，能够结合工作和事业发展的需要，从文献、数据库、媒体及其他信息载体中获取有效信息并进行处理；具有较强的沟通交流能力，能够通过语言和文字有效表达思想、展示能力、分享经验，并能使用英语进行交流；具有较强的组织协调能力，能够围绕工作任务和目标整合资源，最终达成目标。

2.2.3.4 学习能力

具有较强的自主学习能力，秉持终身学习的理念，能够结合经济发展、社会进步不断学习新理论、新知识和新方法，及时跟踪和把握财务管理理论的最新发展、会计准则的最新变化，以及财务管理制度的最新要求，了解相关信息技术的最新变化及其对财务管理实践的影响，持续改进财务管理实务，提升财务管理工作的效率和效果。

2.2.3.5 个人发展

具有较强的团队合作意识和集体荣誉感，能够团结同事，较好地与他人沟通和交流；具有积极向上的人生态度和高尚的品格；能够结合国家建设的需要，特别是边疆民族地区社会经济建设的需要，确立自身的发展目标；立足所在岗位及其发展趋势，将个人的发展有机融合在工作实践和团队的整体进步中，不断营造有利于自身发展的微观环境。

2.2.4 毕业要求

2.2.4.1 基础知识与工程知识

熟悉国家法律法规和财经纪律、财务管理制度与规范；系统掌握政治经济学、管理学、经济法和信息技术的基本概念、基本原理与基本方法；全面掌握财务管理基本理论及与之相关的金融学、会计学和审计学专门知识；了解财务管理相关理论的前沿动态及财务管理实践的发展现状。

2.2.4.2 问题分析

在分析和解决财务管理问题方面接受系统训练，能够熟练应用财务管理及与其相关的理论与方法，基于单位管理目标的现实需要，在国家法律法规规定的范围内，深入分析企事业单位、党政机关、社会团体和其他社会经济组织等的财务管理、会计和审计实践问题，并提出有效的解决方案。

2.2.4.3 研究

充分认识财务管理理论的发展、财务管理相关制度的变迁与演进，掌握财务数据分析方法，能够从中发现值得深入探讨的内容，并结合研究需要从文献、数据库、媒体及其他信息载体中获取有效信息，在财务管理理论的指导下，采用数量分析方法对相关信息进行分析，得出研究结论。

2.2.4.4 使用现代工具

对现代管理工具有充分的了解，系统掌握现代财务管理工作的手段、方法和工具，能够熟练利用财务数据分析系统进行相关数据的处理、传输与储存；对财务共享及其机理具有全面的了解，能够适应财务共享中心运行的角色需要；掌握现代统计方法及常用统计软件的用法，能够结合财务管理研究的需要，采用统计软件对数据进行定量分析。

2.2.4.5 职业规范

熟悉我国财经法律、法规和相关政策，明确财务管理的法制环境，对当前经济法、税法和其他财会法规及政策的相关内容有充分的了解；明确财务管理人员的职业操守，对商业伦理与会计职业道德有深入的了解并能自觉遵守。

2.2.4.6 个人和团队

拥有正确的世界观、人生观、价值观和健康向上的生活态度及较强的社会责任感；具备高尚的道德品质、良好的职业素养、较强的集体荣誉感和团结协作精神，能顺应国家建设特别是边疆民族地区社会经济建设的需要，确立自身的发展目标，将个人的发展有机融合在工作实践和团队的整体进步之中。

2.2.4.7 沟通

具有较强的文字功底、口头表达能力，以及良好的英语听说读写基础，能够通过语言和文字有效表达思想、展示能力、分享经验，促进沟通和交流目标的实现；具有较强的说服能力和组织协调能力，能够围绕工作任务和目标整合资源，最终达成目标。

2.2.4.8 终身学习与社会适应性

职业生涯规划明确，秉持终身学习的理念，具有较强的社会适应能力，能够自主学习新的专业理论、专业知识和专业方法，及时跟踪和把握财务管理理论的最新发展及变化、财务管制的最新要求，了解相关信息技术的最新变化及其对财务管理实践的影响，顺应经济发展和社会进步，持续改进财务管理实务。

2.2.5 培养目标支撑矩阵

毕业要求未设置培养目标支撑矩阵。

2.2.6 学制、学分与学位

本科标准学制为 4 年，学生可在 3~8 年完成学业。学生按照财务管理专业培养方案的要求，修读完 155 学分，考核合格，即准予毕业。符合学位授予标准的学生，授予管理学学士学位。

2.2.7 核心课程

核心课程见表 2-4。

表 2-4 核心课程

序号	课程名称	性质	课程负责人
1	中级财务会计	必修	
2	管理学	必修	

续表

序号	课程名称	性质	课程负责人
3	财务管理	必修	
4	审计学	必修	
5	高级财务管理	必修	
6	初级会计学	必修	
7	证券投资学	选修	
8	资产评估	必修	
9	微观经济学	必修	
10	税法	必修	

2.2.8 学分要求

学分要求见表 2-5。

表 2-5 学分要求

平台	课程模块	修读性质	修读学分	占总学分比重（%）
通识教育课	公共必修课	必修	38	30.97
	素养教育课	选修	10	
专业教育课	学科专业类基础课	必修	16	61.29
	专业基础课	必修	40	
	专业选修课	选修	39	
综合实践		必修	12	7.74
合计			155	100

2.2.9 课程设置及学时、学分分配

课程设置及学时、学分分配见表 2-6。

表 2-6　课程设置及学时、学分分配

课程模块		课程代码	课程名称	学分	总学时	理论学时	实验学时	实践学时		开课学期	是否必修	开课部门
								集中	分散			
通识教育课	公共必修课	02010025	习近平新时代中国特色社会主义思想概论	3	48	48				5	是	马克思主义学院
		02010028	毛泽东思想和中国特色社会主义理论体系概论	3	48	48				4	是	马克思主义学院
		0201041	马克思主义基本原理概论	3	48	48				3	是	马克思主义学院
		0201042	中华民族共同体教育	2	32	32				2	是	马克思主义学院
		0201046	思想道德修养与法律基础	3	48	32				1，2	是	马克思主义学院
		0201047	中国近现代史纲要	3	48	48				1，2	是	马克思主义学院
		0201089	形势与政策	2	32	32				8	是	马克思主义学院
		0701220	公共体育 1	1	32	32				1	是	体育学院
		0701223	公共体育 2	1	32	32				2	是	体育学院
		0701226	公共体育 3	1	32	32				3	是	体育学院
		0701229	公共体育 4	1	32	32				4	是	体育学院
		1001287	大学英语 1（读写译）	2	32	32				1	是	外国语学院
		1001288	大学英语 1（视听说）	2	32	32				1	是	外国语学院
		1001289	大学英语 2（读写译）	2	32	32				2	是	外国语学院
		1001290	大学英语 2（视听说）	2	32	32				2	是	外国语学院
		1001291	大学英语 3	2	32	32				3	是	外国语学院
		1001292	大学英语 4	2	32	32				4	是	外国语学院
		13010114	大学计算机	2	32	32				1	是	数学与计算机科学学院
		9901001	国防教育及军事训练	1	32					1	是	教务处
		要求学分：38										
	素养教育课	要求学分：10										
	要求学分：48　　要求完成子模块数：2											

续表

课程模块		课程代码	课程名称	学分	总学时	理论学时	实验学时	实践学时		开课学期	是否必修	开课部门
								集中	分散			
专业教育课	学科专业类基础课	1601022	概率论与数理统计	3	54	54				4	是	管理学院（会计学院）
		1601042	管理学	3	54	54				1	是	管理学院（会计学院）
		1601166	微积分二	3	54	54				2	是	管理学院（会计学院）
		1601167	微积分一	3	54	54				1	是	管理学院（会计学院）
		1601172	线性代数	2	36	36				3	是	管理学院（会计学院）
		1601217	大学生职业生涯规划	1	18	9		9		2，3，4	是	管理学院（会计学院）
		1601218	大学生就业指导	1	18	9		9		5，6，7	是	管理学院（会计学院）
		要求学分：16										
	专业基础课	1601006	财务管理	3	54	36		18		5	是	管理学院（会计学院）
		1601011	成本会计	2	36	36				5	是	管理学院（会计学院）
		1601015	初级会计学	3	54	36		18		2	是	管理学院（会计学院）
		1601023	高级财务管理	3	54	36		18		6	是	管理学院（会计学院）
		1601056	宏观经济学	3	54	54				4	是	管理学院（会计学院）
		1601079	经济法	2	36					3	是	管理学院（会计学院）
		1601144	审计学	3	54	36		18		5，6	是	管理学院（会计学院）
		1601153	税法	2	36	36				4	是	管理学院（会计学院）
		1601159	统计学	3	54	54				3	是	管理学院（会计学院）
		1601164	微观经济学	3	54	54				3	是	管理学院（会计学院）
		1601198	政治经济学（1）	2	36	36				1	是	管理学院（会计学院）
		1601200	政治经济学（2）	2	36	36				2	是	管理学院（会计学院）
		1601205	中级财务会计（1）	3	54	36				3	是	管理学院（会计学院）
		1601206	中级财务会计（2）	3	54	36				4	是	管理学院（会计学院）
		1601212	资产评估	3	54	36				6，7	是	管理学院（会计学院）
		要求学分：40										

续表

课程模块		课程代码	课程名称	学分	总学时	理论学时	实验学时	实践学时		开课学期	是否必修	开课部门
								集中	分散			
专业教育课	专业选修课	16010004	财务管理实务与案例	3	54	36	18			2，3，4，5，6，7	否	管理学院（会计学院）
		16010005	计算机财务管理	2	36	36				2，3，4，5，6，7	否	管理学院（会计学院）
		16010007	保险概论	2	36	36				2，3，4，5，6，7	否	管理学院（会计学院）
		16010008	财务共享服务	2	36	36				2，3，4，5，6，7	否	管理学院（会计学院）
		16010010	人力资源管理	2	36	36				2，3，4，5，6，7	否	管理学院（会计学院）
		16010012	管理数学	2	36	36				5，6，7	否	管理学院（会计学院）
		16010013	专业综合实训（1）	1	16		16			3，4，5，6，7	否	管理学院（会计学院）
		16010014	专业综合实训（2）	1	16		16			3，4，5，6，7	否	管理学院（会计学院）
		16010015	财经数据挖掘与分析	2	36	36				2，3，4，5，6，7	否	管理学院（会计学院）
		16010016	财经大数据应用	2	36	36				2，3，4，5，6，7	否	管理学院（会计学院）
		16010017	管理英语 A	2	36	36				2，3，4，5，6，7	否	管理学院（会计学院）
		16010018	管理英语 B	2	36	36				2，3，4，5，6，7	否	管理学院（会计学院）

续表

课程模块		课程代码	课程名称	学分	总学时	理论学时	实验学时	实践学时		开课学期	是否必修	开课部门
								集中	分散			
专业教育课	专业选修课	16010019	财经理论与政策	2	36	36				2，3，4，5，6，7	否	管理学院（会计学院）
		1601026	高级财务会计	3	54	54		0	0	2，3，4，5，6，7	否	管理学院（会计学院）
		1601029	公共关系学	2	36	18		18		2，3，4，5，6，7	否	管理学院（会计学院）
		1601032	公司治理	2	36					2，3，4，5，6，7	否	管理学院（会计学院）
		1601037	管理会计学	2	36	36				2，3，4，5，6，7	否	管理学院（会计学院）
		1601040	管理信息系统	2	36	18		18	0	2，3，4，5，6，7	否	管理学院（会计学院）
		1601050	国际金融与贸易	2	36	18		18		2，3，4，5，6，7	否	管理学院（会计学院）
		1601058	会计报表分析	2	36	36				2，3，4，5，6，7	否	管理学院（会计学院）
		1601063	会计信息系统	2	54	18		36		2，3，4，5，6，7	否	管理学院（会计学院）
		1601070	货币银行学	2	36	18		18		2，3，4，5，6，7	否	管理学院（会计学院）
		1601075	金融工程概论	2	36	36				2，3，4，5，6，7	否	管理学院（会计学院）
		1601077	金融市场学	2	36	18		18		2，3，4，5，6，7	否	管理学院（会计学院）

续表

课程模块		课程代码	课程名称	学分	总学时	理论学时	实验学时	实践学时		开课学期	是否必修	开课部门
								集中	分散			
专业教育课	专业选修课	1601081	经济应用文写作	2	36	18		18		2，3，4，5，6，7	否	管理学院（会计学院）
		1601085	跨国公司财务	2	36	18		18		2，3，4，5，6，7	否	管理学院（会计学院）
		1601116	纳税筹划	2	36	18		18		2，3，4，5，6，7	否	管理学院（会计学院）
		1601121	企业风险管理	2	36	36				3，4，5，6，7	否	管理学院（会计学院）
		1601125	企业战略管理	2	36	36				2，3，4，5，6，7	否	管理学院（会计学院）
		1601147	市场营销	2	36	18				2，3，4，5，6，7	否	管理学院（会计学院）
		1601154	税法实务与案例	2	36	18		18		2，3，4，5，6，7	否	管理学院（会计学院）
		1601158	统计软件应用	2	36	18		18		2，3，4，5，6，7	否	管理学院（会计学院）
		1601190	运营管理	2	36	36				3，4，5，6，7	否	管理学院（会计学院）
		1601194	企业估值与量化投资	2	36	36				2，3，4，5，6，7	否	管理学院（会计学院）
		1601195	证券投资学	2	36	36				2，3，4，5，6，7	否	管理学院（会计学院）
		1601214	组织行为学	2	36	18				2，3，4，5，6，7	否	管理学院（会计学院）

续表

课程模块		课程代码	课程名称	学分	总学时	理论学时	实验学时	实践学时		开课学期	是否必修	开课部门
								集中	分散			
专业教育课	专业选修课	1601222	会计综合模拟实验	2	36	18	18			2，3，4，5，6，7	否	管理学院（会计学院）
		1601224	企业金融风险管理	2	36	36				3，4，5，6，7	否	管理学院（会计学院）
		1601225	资本运营管理	3	54	54				2，3，4，5，6，7	否	管理学院（会计学院）
		1601229	金融企业会计	2	36	36				3，4，5，6，7	否	管理学院（会计学院）
		1601236	管理前沿理论专题	1	18	18				2，3，4，5，6，7	否	管理学院（会计学院）
		要求学分：39										
	要求学分：95　要求完成子模块数：3											
综合实践		16010001	劳动教育	0	32					8	是	管理学院（会计学院）
		1601002	毕业论文（设计）	4	72					8	是	管理学院（会计学院）
		1601139	社会实践	2	36					8	是	管理学院（会计学院）
		1601210	专业实践及毕业实习（实训）	6	108					8	是	管理学院（会计学院）
		要求学分：12										
要求学分：155												

未来会不断修订完善人才培养方案，课程设置也会有所调整，以体现高等教育的发展变化和相关要求。

不同高校不同专业的人才培养方案会有所不同，感兴趣的学生可查阅高校官网。

拓展阅读

大学，本就是所有人都有闪闪发光的舞台

——大二学姐对2021级萌新们说

原创　北航CDP大学生学业与生涯规划2008　2021-10-18 07：14

各位2021级的学弟学妹，你们好呀！我是王晓情，来自致真书院，现就读于经济管理学院（8系）。

欢迎你们来到离星星更近的地方——北航。我一直觉得，大学是一个更广泛更包容更自由的地方，它不再像高中一样只拘泥于一点去评判，在这里，每个人都有机会登上属于自己的舞台闪闪发光。因此，大家要勇敢地去探索、去经历，在不断的尝试中去学习、去突破，最终摘取那颗闪耀的理想星辰。下面，我想分享一些我的经历和思考。

心之所动，就勇敢奔赴吧

填报志愿之后，我就知道自己能来北航了。但刚开始几天，面对专业选择的小小懊恼以及完全不同于高中的教学模式、高度自由的学习方式，我思想上一度很挣扎：这个选择对我来说是不是最优解？但我当时也坚定着：很多事情，都是去做了，去尝试了，才能说这是不是适合自己的最优解。与其内心懊悔，不如不拘于形式，活在当下，让生命在不断的冲击和突破中彰显价值。如今，在经济管理学院发现热爱的我，回头看大一那段时光，想对自己说："这个选择很好，谢谢你！"

也许刚入学的你们面对专业也有些不知所措，觉得未达理想，或是有时会调侃自己"考败来航"，抑或是早已坚定航向……无论哪种，调整好心态，现在都是新的起点。未来有很多可能性，我们只有踏踏实实学好现在选择的专业，才能在未来拥有做更好选择的机会，享受这个过程吧！

学习重要，不唯一重要，但是最重要

求知乃大学第一要事，还是要先提一下学习上的改变。

首先，北航是一所学风很好的学校：学校会安排导学活动，有导师为你答疑解惑；书院会安排串讲、答疑，助力你提高成绩；梦拓、同学会组织学习小组，帮你加快学习进度；图书馆、空教室里也会有满满的自习的人……身边紧张奋发的氛围会鼓舞我们向上努力。

良好的氛围很重要，但更重要的是内在驱动力。大学里没有老师的一遍遍督促，没有知识点的不断重复，很多东西都要自己去规划：哪里掌握得不好，今天要掌握哪些内容，自己心里都要有个数，并及时解决，不要拖沓。

另外，一定不要不好意思向老师、同学请教。勇敢地提出问题是解决问题的第一步，老师、同学都会很乐意帮你解答。当思想碰撞出火花，当你能自己讲述答案，你就会收获比预期更好的创意与想法。

关于学习就说这么多，相信大家都有自己的方法，也相信大家在努力之后都能收获理想的成绩。希望大家在学习之余多多注意自己的身体哦！

个人意义上的改变

大学生活不应只有学业方面的探索，更应该有个人价值方面的改变。我从以下三个方面来谈一谈：

1. 学生工作

大学有各种各样的社团、多种多样的学生工作，适当地选择一些有利于综合能力的提高，同时，也会帮助你拓展人脉、增长见识。我在大一时担任了小班班长，加入了辩论队、党校宣传部，还参加了很多志愿活动，如加入北航大学生科普志愿服务队，在暑期去山西参加科普志愿活动等。另外，因为之前参与宣传工作积累了一些经验，我在大二加入了书院的新闻中心。一项项活动锻炼了我的表达能力，丰富了我的技能，更让我收获了一大群志同道合的朋友，他们和我一起在共同热爱的道路上前行，让我感到无比荣幸！所以，有关学生工作，我建议大家多多去参与，在这个过程中，你会更了解自己，也会突破自己，从而收获一段精彩且丰富的经历。但大家在选择学生工作时也要适量，太多的学生工作会影响正常的生活和学习，体验感就会大打折扣。

2. 课程选择

前面提到的做学生工作是一个探索自我的好方法，正确选择课程也是一个好方法。在选择一般通识课程时，不应仅仅想着哪门课简单、容易得分，也可以选择一些自己感兴趣或者对自己有益的课程，当然，也可以去蹭自己感兴趣的课听听。像语言表演艺术这门课，我在上学期因为蹭过一次课感觉很有意思，之后每节课都会去听，这门课是我当时的一个快乐源泉。还有本科生学业规划这门课，我上学期因为时间冲突没选上，下学期没有一般通识课要求，但我还是选了。我们之前了解自己更多的是通过外界的反馈，而在本科生学业规划课上，我学习到了更多的自我评判方法。以 MBIT 人格类型分析，我属于 E（外向）N（直觉）F（感性）P（知觉）型，而在霍兰德职业兴趣类型及价值观测试中，我更偏向于 I（探索）S（社会）A（艺术）型，我的生涯价值为对美的追求、乐意尝试不同的工作内容、追求自己喜欢的生活方式。在这门课上，我更多地了解了自己，也更加确定自己当初的选择没错。

3. 珍惜与梦拓的这份缘

梦拓是北航很温暖、很具传承性的一个制度。梦拓会带你转校园，领你游北京，为你解疑惑，陪你散忧思，与你同欢乐。用一句之前看过的话描述："像是我的世界中不经意间又走进了一群可爱的人，他们让我不自觉地认真起来，让我有勇气担起一份责任，让我能参与欢乐的互相感染，让我们投入新的憧憬，也许很久之后我们依旧是朋友，我会怀念，也会感激。"所以，珍惜每段际遇吧，相信这些都是最好的安排。

绿树阴浓夏日长，未来请继续勇毅前行，摘取理想星辰吧！

教师点评

晓情是一个热情、活跃的女孩，她的分享中充分展示了这一点：心之所动，就勇敢奔赴！而她也在行动中收获满满。

晓情是一年级下学期大学生学业规划课班上的一员。她在结课时坦言："上个学期就一直有参加生涯规划课的想法，但由于时间冲突，不得已暂时搁置。本学期终于了了这桩心愿。如此执着于生涯规划，我想是源于未知的未来、尚不清晰的航向，以及不知道自己能做些什么，想将它作为机会来临时可以紧紧抓住的筹码。我认为大学生活本就不应只有学习，更要有个人的成长，可我不想泛泛而谈成长，我想知道自己在哪些方面可以成长，我可以做出什么样的具体行动，等等。很幸运，很多问题都在这门课上找到了答案。同时，我也很感激，这个结课作业让我从近几天作息混乱、思维混乱的状态里走出来，审视自己，反思自己。”

结课3个月后，晓情再次沉下心来梳理了自己的思考与收获，相信肺腑之言能够帮到与曾经的她有同样困惑的学弟学妹！

第3章 自我探索

虽然我们做了几十年的研究，但预测个人职业选择最有效的方法却是询问这个人自己想做什么。

——约翰·霍兰德

自我探索就是全面了解自己的人格类型、兴趣、能力和价值观。自我认知是个人成长中非常重要的一个环节，本章将借助职业生涯规划的相关理论，通过测试和认真思考帮助大学生完成自我认知，进而确定大学期间适合自己的专业及未来的职业发展方向。

导入案例

大学所学专业的困惑

我从小就爱好广泛，不仅喜欢历史文化，也热爱科学原理，上至天文下至地理，都略有涉猎。宽广的知识面与丰富的爱好给我带来了许多乐趣，但也给我带来了困扰。直到高考后填报志愿时我才发现：在人生的前18年里，我好像从来没有认真想过自己真正喜欢的是什么，未来想要过什么样的生活，又能拥有什么样的生活。

我对自己的高考成绩不太满意，不过还是有幸进入了大学校园。填报专业时我并未多想，选了数学与应用数学专业。谁承想，填志愿时乱报专业这一举动，为我的大一生活带来了许多困扰。

高中时我有些偏科，成绩最好的科目是英语，数学成绩一般，大一的专业基础课就让我感到有些力不从心了。半个学期过后，我发现自己越发对所学专业不感兴趣。可以毫不避讳地说，我的大一生活是十分迷茫的。

开始时，我被形形色色的活动迷住了双眼，参加了过多的社团和课外活动，忙完了令人应接不暇的活动，回到学业上，我发现自己相当吃力。我开始困惑，不知道自己是不是应该继续学习下去，如果继续学习，挂科的可能性还是很大的，甚至有可能在大四毕业时拿不到学位证。

这一年的迷茫与慌乱让我渐渐明白：兴趣导向是很好的原则。但中学生的兴趣往往是比较狭窄和表层化的，并不是稳固的职业兴趣；高中时对某一学科一时有兴趣，上大学后不一定对这个学科仍然感兴趣，就算仍然感兴趣，也不意味着能一辈子做与该专业相关的工作。

就在这样的纠结中，我越来越茫然。同时，生活中的很多诱惑——各种各样的课外活动、形形色色的社团聚会占据了我大部分课余时间，剩下的时间大多和同学一起聊天。除此之外，手机似乎成了我生活中比学习还重要的东西，天天不离身，玩游戏，刷 QQ、微博、贴吧……电脑将我拖进了深渊的更底层，让我去寻找一时的快乐，忘却学习的压力。虽然我偶尔也会去图书馆自习室，但大学的学习压力和高中完全不能相提并论——学习被动，积极性不高，我的拖延症越来越严重。

大学无疑是一个人职业生涯的起点，而我在开始的阶段就迷失了方向，现在该怎么办呢？

（敏哲）

敏哲同学的故事你觉得熟悉吗？有关高考报志愿的故事，我们都听说过很多版本，敏哲同学的故事是一个经典版本。

填报高考志愿时，老师、家长的意见非常重要，即使是被第一志愿录取的学生，很多也并非按照自己的兴趣选择专业；即使是自己填报的专业，也很可能是在信息不完全的情况下盲目选择的；高考录取中调剂志愿的现象也很常见，有些“冷门专业”超过 2/3 的学生是经调剂录取的。因此，不少学生进入大学后对自己的专业不太满意，但又不知道自己真正喜欢的专业是什么。在选修职业生涯规划课并在课堂教学中做了简单的测试后，一些学生会根据测试结果提出更换专业；更多的学生则是像敏哲一样，虽然清楚自己不喜欢目前的专业，但又不能确定自己到底喜欢什么专业，而且成绩不好也达不到转专业的基本条件，就只能维持现状。

什么专业适合自己？对于这个问题，无法用一句话简单地回答，因为这涉及个人的职业兴趣、人格类型、素质能力及价值观等多个方面，需要全面了解自己和可能感兴趣的专业、职业后再审慎地做出决定。

3.1 自我与自我认知

我们每个人从小到大都在不断地回答“我是谁?”这个问题。心理学中的概念“自我”就是在探讨这个问题。一个人对自我的认知是在一个个特定环境中与同伴交往时逐渐形成的。

进入大学，第一次见到班里的同学，我们会关注哪些方面？首先是性别（班里男女生的比例），高大帅气的男生和漂亮的女生往往会得到更多关注。其次是那些性格活泼、待人友善的同学，他们会很快结识到新朋友。

你交朋友的标准是什么？课堂上老师会请学生简单描述自己最好的三个朋友的特征，几年来的统计结果非常一致。一是你的“同好”：有共同爱好的人往往交流愉快，在发展爱好中深化友谊，其实就是兴趣相投。二是你的“同道”：两个人对事物有共同的认知、看法，其实就是价值观相同。三是你的“同类”或“另一半”：你们性格相同或互补，更容易相处融洽。四是你的“偶像”：对方具备你没有的特质、特长，令你羡慕，对方也很欣赏你的某些特质，你们彼此吸引。五是你的伙伴及倾诉对象：可能从小就在一起玩耍，长久相处情谊深，遇到开心或不开心的事情都能分享。六是你的“对手”（不打不相识）：其实，对手往往意味着势均力敌，立场不同的人往往会相互欣赏、相互吸引，很容易成为好朋友。

由此可以看出：作为朋友，大家更看重的是对方的为人（道德品质）、性格、爱好（兴趣）、看待事物的角度、价值观以及能力等。这些内容加上姓名、性别、外貌、受教育程度等外在特质，就构成了较为完整的个体特征。我们与朋友相处，是因为这些个体特征的全部或者部分与对方相匹配。

除此之外，个人的社会属性也很重要。我们从小被称为“某某家的孩子”，进入大学后，虽然逐渐形成了独立的人格，但家庭背景仍然是用来区别其他人非常重要的属性。

其实，你是什么样的人，你就会找到什么样的朋友，我们可以通过朋友进行自我认知。

3.1.1 自我认知

进行个人职业生涯规划，首先要完成自我认知。一个人的职业自我是由外在自我、心理自我和社会自我三方面构成的。

3.1.1.1 外在自我

外在自我是指人们可以直接观测到的自我因素，是自我中最为凸显的部分，又分为身体特质和身体外特质两类。身体特质由物理实体构成，表现为身体特征，包括性别、身高、体重、外貌、视力等，基本可以通过观测获知；身体外特质也称“延伸自我”，即日常生活中所说的“我的……”，如名字、家乡、学校、专业等。提到延伸自我时，我们往往会产生特定的情绪。例如，在人群中听到自己的名字时，会迅速环顾四周；在看一张集体照时会迅速找到自己；向别人介绍自己的家乡、母校时，亲切、自豪之感会溢于言表。

学生会组成学习团队，团队成员在做自我介绍时，有人会这么说：“我叫张淼，弓长张、三个水的淼，管理学院工商管理专业 2020 级 1 班学生。我对自己的专业比较满意，虽然我对自己将来毕业能干什么还不是特别清楚。我性格外向，爱好旅游，喜欢交朋友——希望能在这门课上交到更多的朋友！”这是典型的对外在自我的介绍。

3.1.1.2 心理自我

心理自我是指自身内在因素，无法直接观测得知，具体包括三个部分。

（1）心理自我的动力系统——我为什么喜欢这个专业，从事这份工作？为什么有人喜欢做老师，有人则喜欢做 IT？为什么有人工作干劲十足，有人则总是无精打采？原因在于个体的动力倾向不同，这主要涉及兴趣、价值观等心理因素。探索心理自我的动力系统，可以帮助我们找到让自己兴奋的职业领域。

（2）心理自我的效能系统——我能胜任这份工作吗？为什么有的人与人沟通驾轻就熟，面对电脑程序却束手无策？为什么有的人操作机械游刃有余，组织策划活动却毫无章法？原因在于每个人的能力倾向不同，这主要涉及潜能、技能、自我效能等，这些因素构成了个体的效能系统。探索心理自我的效能系统，可以帮助我们弄清自己擅长的职业领域。

(3) 心理自我的风格系统——我适合做这份工作吗？为什么有的人工作起来雷厉风行，有的人则慢条斯理？为什么有的人常常注意到细节，有的人则擅长发现潜在的信息？原因在于人的风格千差万别，这主要涉及人格类型及特质等。探索心理自我的风格系统，可以帮助我们弄清自己适合的职业领域。

求职时，外在自我只是应聘的第一道门槛，心理自我更重要。不同的岗位对应聘者心理自我的要求不同，比如，工程设计要求严谨创新，市场营销要求灵活多变，客户服务要求耐心热情，等等。

3.1.1.3 社会自我

我们都生活在社会中，属于社会人。正如德国著名诗人歌德所言，人不能孤独地生活，他需要社会环境。每个人都会逐渐发展出复杂的社会自我，涉及家庭关系、朋友关系、职业群体、党群组织关系等，它隐藏于个人身后，对个人的职业选择和发展起着支持或制约作用。就大学生而言，家庭中有亲子关系，学校里有同学关系和师生关系，还可能存在共青团员或共产党员的组织关系……这些构成了社会自我。

3.1.2 自我与自我认知

人在成长过程中一直在进行自我认知：幼儿学会说话后，先知道自己的姓名、性别和年龄，接下来会表达自己的喜好与厌恶，进而了解父母的职业。随着年龄的增长，人们开始通过比较，将自己放在整个社会的维度，加深自我认知，进行自我评价。可惜，随着学业压力的增大，不少学生会陷入自我认知的误区——除了学习以外，对其他事物丧失了好奇心和兴趣，除了老师、家长认为正确的事情，自己缺乏对世界的独立判断；除了学习能力（考试能力），他们不知道自己还有其他的能力……

由上文可知，职业自我包括外在自我、心理自我和社会自我。与心理自我相比，外在自我和社会自我较为客观，也相对容易探明。本章主要讨论对心理自我的探索，下文将重点介绍探索心理自我的具体内容和方法。

我们的自我认知有时是相对准确的，但有时并不一定准确，会存在偏差。除了自我认知以外，我们还可以通过“他人眼中的我”等方式进行自我认知的纠偏。

希望大学生能够通过自我探索全面客观地了解自己，发现独特的自己。

小活动

我的生命线

活动目标：帮助你了解生涯的概念，认识到过去生活中的重要事件对你的影响。

一、规则和程序

（1）请每个同学在白纸上画一条直线，这条直线的长度代表了你生命的长度。思考一下，你期待自己活到多少岁。将直线的一端视为你生命的开始，在另一端写上你期待可以活到的年龄。

（2）在这条生命线上标出你现在的年龄点，并写下你现在的年龄。

（3）回顾你过往生命中发生的重大事件，在直线上方写出 2~3 件对你有积极影响的事件，并在相应位置标明年龄和关键词，在直线下方写出 2~3 件对你有消极影响的事件，并在相应位置标明年龄和关键词。

二、讨论

思考一下这些事件对你的影响，以及你是如何成为今天的自己的。

三、总结

生涯不是一个静止的点，而是一个动态的过程，不只发生在人生的某一个阶段，而是整个人生。

0~12 岁：

影响我的积极事件：______________________________

影响我的消极事件：______________________________

我的收获与经验：________________________________

13~18 岁：

影响我的积极事件：______________________________

影响我的消极事件：____
我的收获与经验：____
19岁至今：
影响我的积极事件：____
影响我的消极事件：____
我的收获与经验：____

3.2 探我所适——性格类型及其与职业的关系

前面的讨论中多次提到性格，性格对我们的生活有重大影响，也是我们职业生涯探索中的一个重要部分。每个人都有与众不同的特质，性格与职业的最佳匹配将使我们更容易成功。谈及自己的好朋友，很多同学会说：“她性格特别好！”“我很喜欢他的性格！”不过，当仔细问及“好性格”的标准时，分歧就产生了。有的同学会说：“她性格随和。”有的会答：“他很爽快，做事不拖泥带水。”有的则说：“她善解人意，我有不开心的事情跟她谈过之后感觉好多了。”不一而足。

由此我们知道：好性格是相对的，朋友之间性情相投，就会彼此接纳、喜欢对方。从职业的角度看待性格也是如此，匹配很重要。

3.2.1 什么是性格

早在2000多年前的古希腊，“性格”一词就产生了。它由古希腊的学者提奥夫拉斯塔提出，意指人的特征、标志、属性、特性等。关于性格的定义较多，按照国内比较一致的说法，性格是指个人对现实的稳定的态度和习惯化了的行为方式。

性格受到遗传、生理、父母养育方式、生长地文化习俗、学习经验等多方面因素的影响，一旦形成，便具有独特性、一致性及相对稳定性。俗话说，江山易改，本性难移。人的一生被某种性格所支配，会形成相对稳定的不同于其他人的独特的行为方式。两个不同性格的人即使从事同一项工作，其处事方式及心理感受也是不同的。

3.2.2 性格与生涯发展的关系

从人职匹配理论来看，一个人从事的职业与其性格特点一致性高，就会得心应手，愉快地享受工作；反之，虽然他能完成工作，但事倍功半，而且会心力交瘁、疲惫不堪。最好的工作是与一个人的性格相匹配的工作。

练 习

签 名

1. 请拿出一张空白纸，在纸上签下自己的名字。
2. 请换一只手，再次在纸上签下自己的名字。
3. 两次签名有什么不同的感受？请用几个词形容一下。

当我们用自己常用的那只手签名时，通常会感到“得心应手”，很自如，几乎不假思索，也不用费什么力气，对自己能够做好这件事也很有信心；而当我们用另一只手签名时，会感到不习惯、别扭、费劲、耗时，而且签的名字歪歪扭扭，不过我们也可以发现，自己还是可以用这只手签名的。

我们在其他事情上也是如此，有自己擅长的，也有自己不擅长的（就如我们的右手、左手），这没有好坏或者对错之分。如果能够找到合适的环境，使我们在其中发挥自己的优势，那么我们会很自信，并且往往会取得佳绩；相反，如果要求我们做不擅长的事情，那么我们多半会感到不舒服、不自在，而且可能做不好。

如果我们知晓自己性格上的“左右手”，并了解与之相适应的环境和职业，就能做出合乎自己情况的职业选择。这样的最佳匹配，会使得我们容易成为有效的工作者。

3.2.3 通过 MBTI 了解性格

古希腊医生、哲学家希波克拉底（公元前 460—公元前 377 年）区分了人的四种基本性格类型，即多血质、抑郁质、胆汁质和黏液质。虽然气质类型的分类方法不一定科学，但 2000 多年来还是得到了广泛的认可，也为人们选择合适的职业提供了一定的参考。

随着现代心理学的发展，人们对性格的研究更加深入细致。在现代心理学中，瑞士心理学家荣格（Carl Jung）提出了有关知觉、判断和人格态度的观点。他在 1921 年出版的《心理学类型》一书中阐述了一种思想：如果了解了人们潜在的心理活动和性格偏好，就可以预测其行为。

美国的凯瑟琳·布里格斯和伊莎贝尔·布里格斯·迈尔斯母女将荣格提出的性格偏好维度发展为 4 个，将性格类型发展为 16 种，并且将这一理论运用到职业选择的实践中，通过大量的个案分析，总结出与不同性格类型相对应的职业体系，制定了迈尔斯-布里格斯类型指标（MBTI），开发出 MBTI 性格类型测评系统。这个系统已申请专利且有专门机构进行测评，属于信度、效度都较高的心理测评工具，目前广泛应用于职业生涯规划与指导，能够帮助求职者找到与其性格类型相匹配的职业。很多知名外企在员工培训及为新员工配置岗位时使用该系统。MBTI 对自我探索、职业发展、人才选拔、团队建设、管理培训、恋爱与婚姻咨询、教育（学业）咨询及多元文化培训均有帮助。

接下来我们向大家介绍 MBTI 性格类型测评系统及其应用。MBTI 用四个维度偏好二分法评估一个人的类型偏好，每个维度偏好二分法均由两极组成。一个人在每个维度上只能有一种偏好，如一个人是内倾的，就不会是外倾的。但是，一个人是内倾的并不代表他就没有丝毫外倾的特征。因此，测评结果的类型所指并不是“非此即彼”，而是“主要”表现。

MBTI 有四个子量表，分别是：内倾—外倾（IE），感觉—直觉（SN），思考—情感（TF），判断—知觉（JP）。

第一个维度：根据个人的能量更集中地指向哪里，分为内倾型（Introversion，I）与外倾型（Extroverted，E），如图 3-1 所示。心理学认为，如果我们以自身为界，可以将世界分为外部世界和内部世界。外倾的人倾向于将注意力和精力投向外部世界，热衷于个体间或群体间的交往，常常被外界的人和物吸引，喜欢大量的活动；内倾的人则将注意力和精力集中于自身的内部世界，喜欢独处或小群体间的社交，通常会避免成为人们关注的焦点。这两种类型的区别很明显。个体在自己偏好的世界里会觉得自在和快意，到相反的世界中则会感到不安与疲惫。

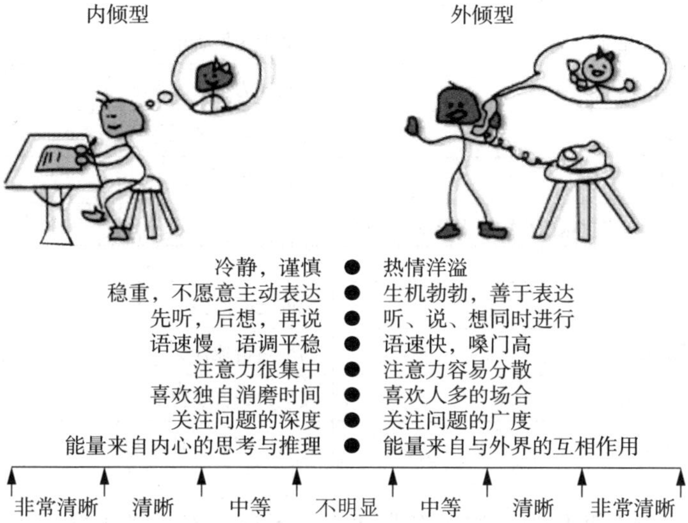

图 3-1 内倾型与外倾型

我们来认识一对读同一专业、住同一宿舍的大学好友——张丹和李淼。

张丹是个精力充沛的活泼女孩，几乎每天都早早地到教室，在前三排占好座位；课堂上老师提问时，她会积极发言（即使对答案没有把握）；遇到开心的事情，她会与同学分享。她与班里大部分同学的关系都不错。

李淼是个安静的女孩，虽然平时不喜欢参加班上的集体活动，却常常在晚上宿舍熄灯后上网与中学同学聊天；平时上课，如果不是张丹帮她占座位，她会坐在教室后排靠边的位置；课堂上老师提问时，如果没有被点到名字，她是不会主动发言的（即使知道正确答案）；遇到开心的事情，她只与张丹说，或者通过网络聊天告诉朋友。除了张丹外，她与宿舍其他同学的关系都不是很亲密。

很明显，张丹的性格属于外倾型，李淼的性格属于内倾型。内倾型与外倾型性格的特征比较见表 3-1。

表 3-1　内倾型与外倾型性格的特征比较

内倾型	外倾型
独自度过时精力充沛	与他人相处时精力充沛
避免成为关注的焦点	喜欢成为关注的中心
思考之后行动	行动之后思考
在心中思考问题	喜欢边想边说出来
更封闭，更愿意在经挑选的小群体中分享个人的情况	随意地分享个人情况
听的比说的多	说的比听的多
不把兴奋说出来	高度热情地社交
仔细考虑后才有所反应	反应快，喜欢快节奏
喜欢深度而不是广度	注重广度而不是深度

生活中以上两种类型的人都非常多。不过，不少学生会觉得自己同时具有部分外倾型特征和部分内倾型特征，即中间型。这时，我们需要清楚自己相对偏向哪边。

第二个维度：根据个人收集信息的方式不同，分为感觉型（Sensing，S）与直觉型（Intuition，I），如图 3-2 所示。我们再接着看张丹和李淼的故事。

要放暑假了，张丹和李淼都要回家。张丹家在武汉，李淼家在郑州，她们相约假期里分别到对方的家里住几天，也算旅游了。她们分别给对方留了地址，并说明如何从火车站去各自所住的小区。张丹的说明很简单，从汉口火车站下车，乘公交车到汉正街下车，往前走一小段路，路口右转，往前走一点儿再往左转就到小区门口了。李淼则画了一张简图，下面附了详细的说明，从郑州火车站下车，从北出口出站后，过马路到对面乘 72 路公交车，到东风路小铺站下车，下车后顺着马路往前（北）走大约 150 米右转，沿着东风路往东走大约 100 米过马路，对面有个停车场，紧挨着停车场的右边就是金水区政府家属区，李淼家就在进门后的第二栋楼。

根据以上介绍，我们基本上可以判断张丹的性格属于直觉型，李淼的性格则属于感觉型。感觉型与直觉型性格的特征比较见表 3-2。

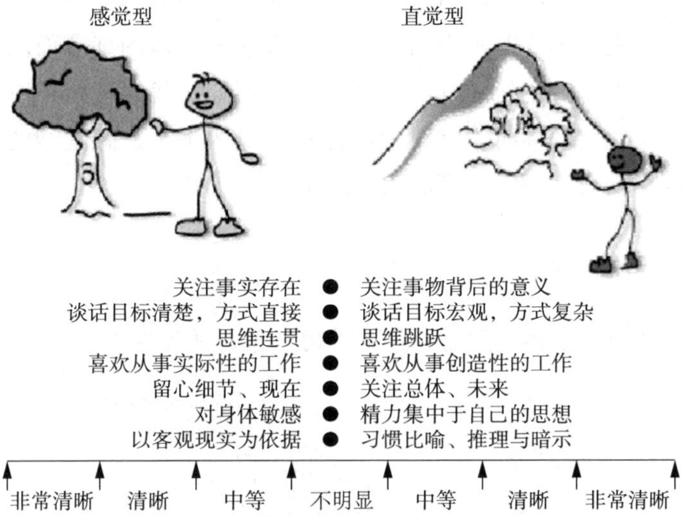

图 3-2 感觉型与直觉型

表 3-2 感觉型与直觉型性格的特征比较

感觉型	直觉型
相信确定和有形的东西	相信灵感和推断
不喜欢新想法，除非它们有实际意义	喜欢新思想和新概念
重视现实性和常情	重视想象力和独创力
喜欢使用和琢磨已知的技能	喜欢学习新技能，但掌握之后很容易厌倦
留心具体的和特殊的，进行细节描述	留心普遍的和有象征性的，使用隐喻和类比
循序渐进地讲述有关情况	跳跃性地展现事实
着眼于现实	不愿意维持事物的现状，着眼于未来

感觉型和直觉型的人在面对同样的情形时，关注的内容往往不同，依赖的信息通道也不同。感觉型的人关注的是事实本身且注重细节，而直觉型的人注重事实的含义、关系和结论；感觉型的人信赖五官体验到的有形有据的事实与信息，而直觉型的人注重“第六感”；感觉型的人擅长记忆大量事实与材料，典型的感觉型的人往往能清晰地讲出大量数据、人名乃至概念、定义，而直觉型的人更擅长解释事实、捕捉零星的信息、分析事情的发展趋势。

以上两种类型的人各有所长，也都存在不足。感觉型的人既不必对直觉型的人缺乏对细节的关注与把握感到气恼，也不必为其灵动敏感而感到不好意思；直觉型的人既不必因感觉型的人给出过多的细节而厌烦，也不必在其百科全书式的记忆“功能”面前自叹不如。我们应该在享受自我性格类型所带来优势的同时，有意识地弥补自身的不足，感觉型的人可以多留意那些潜在信息，而直觉型的人可以多关注一些细节。

练 习

观察图 3-3，描述一下它给你留下的印象，并写在纸上。

图 3-3　看图说话

“有很多齿轮，有一个人趴在上面，顶上有个钢盔，后面是一些树和人。”

“战争和人类对森林的砍伐将毁灭地球，警钟已经敲响，这是对现实真实的写照。”

上面是两个同学的发言，代表两种观点，第一段话描述得很具体，第二段话的描述很抽象，不难看出，前者属于感觉型性格的人，而后者属于直觉型性格的人。

第三个维度：根据个人做决定的方式不同，可分为思考型（Thinking，T）与情感型（Feeling，F），如图 3-4 所示。

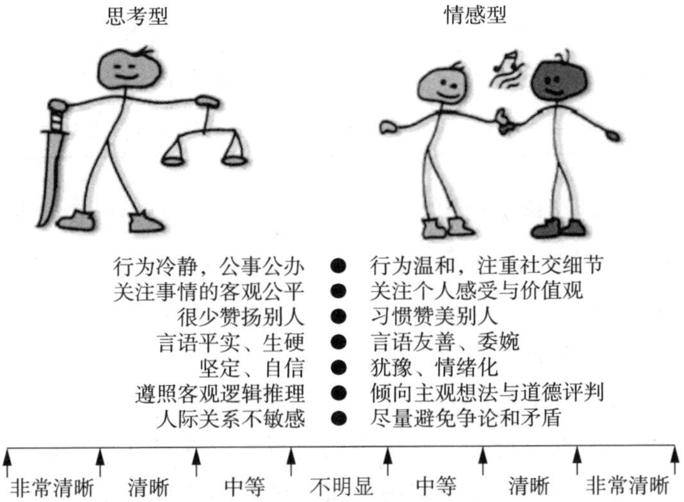

图 3-4　思考型与情感型

张丹和李淼虽然是形影不离的好朋友，但有时两个人对事情的看法很不一样。平时张丹请李淼帮自己做事，李淼都会尽己所能，可有一次李淼生病，不能去上选修课，想着那位老师管得不严，就想让张丹代她去签到，不料张丹却说应该交请假条而不是找人代替签到，这让李淼很不高兴。

以上分歧是因为：张丹属于思考型的人，偏好符合逻辑的决定，往往通过分析和权衡各种信息做出决定，不太习惯根据人情因素变通；李淼属于情感型的人，在做决策时依赖自己的价值观念，比较关注决策可能给人带来的情绪体验，人情味较浓。思考型和情感型性格的特征比较见表 3-3。

表 3-3　思考型与情感型性格的特征比较

思考型	情感型
退后一步思考，对问题进行非个人因素的分析	超前思考，考虑行为对他人的影响
重视符合逻辑、公正、公平的价值，一视同仁	重视同情与准则的例外性
被认为冷酷、麻木、对事情漠不关心	被认为感情过于丰富、缺少逻辑性、软弱
认为坦率比圆通重要	认为圆通与坦率同样重要
只有情感符合逻辑时，才认为它可取	无论是否有意义，认为任何感情都可取

续表

思考型	情感型
动力源于渴望成功	动力源于被欣赏
很自然地看到缺点，倾向于批评	容易理解别人，对别人的缺点不太挑剔

同样，这两种性格类型也并无好坏之分。我们要尽量理解和自己不同类型的人的想法和做法，避免走极端。思考型的人不应太强调原则，让人觉得“冷酷”；情感型的人也不应一味地同情“弱者”，失去原则。

第四个维度：根据个人感到最舒适的生活方式，可分为判断型（Judging，J）与知觉型（Perceiving，P），如图 3-5 所示。

判断型的人喜欢有计划、有条理的世界，喜欢有序的生活，做事往往目的性较强。知觉型的人往往表现出很强的好奇心和适应性，会不断关注新的信息，考虑许多可能的变化因素，更喜欢灵活、随意、开放的生活方式。做决策时，判断型的人较为果断，一旦认为有足够的信息，就会对新的信息置之不理；知觉型的人总希望获得更多信息后再决断，往往表现为优柔寡断，迟迟下不了决心。

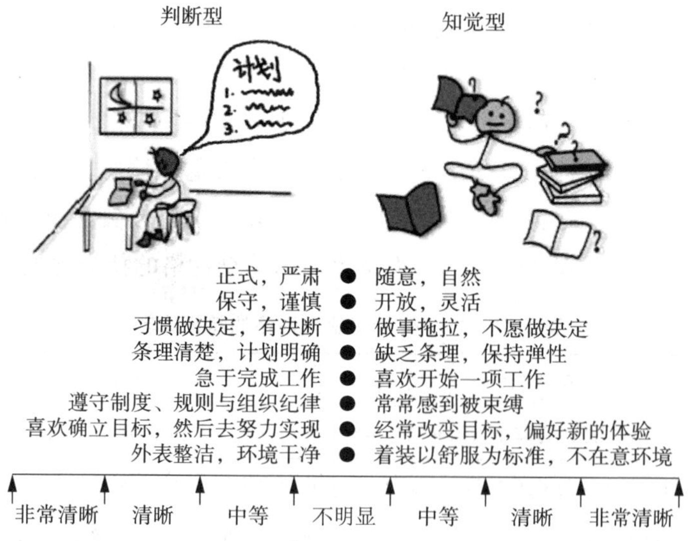

图 3-5　判断型与知觉型

张丹和李淼刚刚住进同一宿舍时，晚上开“卧谈会”，谈起过去十几年的寒窗苦读，都有说不完的话。不过，出乎张丹意料的是，李淼和宿舍的另外一个女孩小时候一直都是放学后先在外面玩，等父母回家并吃完晚饭后才开始写作业；而张丹从小就是放学后很自觉地写完作业才出去玩。李淼说，上初三之后作业特别多，可放学后马上就写作业又觉得不甘心，结果经常熬夜写作业；进入大学后，作业少了很多，感觉好多了。成为好朋友开始结伴上课后，张丹一开始总是想约李淼一起出门，但李淼经常临出门甚至出了宿舍门才发现某样东西没带，要回去取，张丹等不及，就先去教室占位置。开始时，张丹有点儿生气，时间长了就习惯了。

据此可做出以下基本判断：张丹的性格属于判断型，李淼的性格则属于知觉型。判断型与知觉型性格的特征比较见表 3-4。

表 3-4　判断型与知觉型性格的特征比较

判断型	知觉型
做了决定后最为高兴	当各种选择都存在时，感到高兴
坚持工作原则，工作第一，玩乐其次	坚持玩乐原则，先享受，再完成工作
制订目标，准时完成	随着新信息的获取，不断改变目标
愿意知道将要面对的情况	喜欢适应新情况
看重结果（重点在于完成任务）	看重过程（重点在于如何完成任务）
满足感来源于完成计划	满足感来源于计划的开始
把时间看作有限的资源，认真对待最后期限	认为时间是可更新的资源，而最后期限是可调节的

在学习、生活和工作中，判断型和知觉型的人要学会相互欣赏、相互包容。判断型的人既要欣赏知觉型的人“享受生活，活在当下”的态度，又要容忍他们时间观念不强的缺点；知觉型的人既要欣赏判断型的人的做事果断，又要容忍他们面对计划改变时的不安。

在这一维度上，人们并不是一成不变的，会受其他因素的影响而改变一贯的做法。当面临紧急的或期限明确的任务时，知觉型的人会果断起来，当面临具有很大变化的任务时，判断型的人也不得不灵活处事，虽然这些不自然的行为方式会让他们感到压抑和焦虑。

我们可以对照四个维度的描述，识别自己在每个维度上的偏好。每个维度上偏好类型的代表字母组合在一起，就构成了你的性格类型。4 个维度、8 个端点可组合成 16 种性格类型，你必然属于其中的一种。

MBTI 的 16 种性格类型的具体描述如下。

- ENFJ 型：外倾、直觉、情感、判断型——公共关系专家。

优势：能够促进和谐，建立合作关系；尊重各种不同意见；能够成为出色的公众演说家，促进群体讨论；果断而有条理；天生的领导者。

劣势：倾向于把人理想化；过快地做决定；不善于处理冲突、解决表面现象掩盖下的问题；可能过于个人化地对待批评；可能不注意实际的精确性。

- INFJ 型：内倾、直觉、情感、判断型——促进积极变化的催化剂。

优势：善于找出问题的替代解决方法和创造性方法；能够理解复杂的概念；能促进人与人之间的和谐一致；有说服力的领导，致力于实现所信仰的东西；乐于帮助他人发展。

劣势：可能不够灵活，思维单一，想法缺乏可行性；可能过于追求尽善尽美，过分独立；交流方式可能太复杂，令他人不易理解。

- ENFP 型：外倾、直觉、情感、知觉型——任何事都可能发生。

优势：富于创新的思考者，好的问题解决者；能够把自己的天赋与别人的兴趣和能力结合起来；能够在任何感兴趣的领域取得成功；善于为合适的人安排合适的位置、任务；能以有感染力的热忱激励他人。

劣势：可能不是很有条理，或不善于分清主次；在工作细节的完成上有一些困难；可能会感到厌倦并易于偏离正道；通常不喜欢任何重复或例行的事务；独自工作时往往效率较低。

- INFP 型：内倾、直觉、情感、知觉型——外表淡漠而内心深沉。

优势：乐于为自己认同的事业而工作；擅长独立工作，能与自己尊重的人保持频繁、有意义的支持性交流；忠于职守；能够理解他人，与他人单独交流。

劣势：制订计划时可能不够实际；想控制工作事项，如果控制力丧失，可能会丧失工作兴趣；如果工作没有向自己坚信的目标发展，可能会垂头丧气；可能不会灵活地对自己的想法做必要的改变；在竞争的环境中工作会有困难。

- ENTJ 型：外倾、直觉、思考、判断型——美好的一切我负责。

优势：有远见的领导者；在有机会晋升到最高职位的机构中能够出色地工作；雄心勃勃，工作勤奋，诚实直率；善于处理复杂、要求创造性的工作，能够做出合乎逻辑的决定；能够时刻牢记长期和短期目标。

劣势：爱发号施令，挑剔、严厉；工作至上，容易忽视生活的其他方面；可能因急于做出决定而忽视有关的事实和重要细节；可能不会对他人给予鼓励和赞扬；可能不要求或不允许别人提供建议和帮助。

- INTJ 型：内倾、直觉、思考、判断型——能力+独立=完美。

优势：富于想象，善于创造体系；乐于接受具有创造性的智力挑战；擅长理论和技术分析，能合乎逻辑地解决问题；可以单独做好工作，即使面对反对意见也能坚决果断；能够理解复杂且困难的事物。

劣势：在创造性的问题解决后，可能会对工作丧失兴趣；督促他人工作就像督促自己一样严格；可能难以和能力不如自己的人共同工作；可能因过于独立而不适应合作的环境；对他人的想法可能不够包容，固执己见。

- ENTP 型：外倾、直觉、思考、知觉型——生命的倡导者。

优势：运用天才的独创能力和现场发挥能力去解决问题；在连续的、充满刺激的工作中表现最出色；能成为充满趣味的、激励人心的公众演说家；擅长创新和客观公正地分析；自信，只要想做就能做到。

劣势：当创造性的问题解决后，会对项目失去兴趣；不愿做具体工作，不能持之以恒；不喜欢例行的、单调重复的工作；坚持以自己的方式行事；经常打断别人说话，可能会因过分自信而影响能力的发挥；可能会不可靠、不负责任。

- INTP 型：内倾、直觉、思考、知觉型——有创造才能的问题解决者。

优势：能够有远见地分析问题；具有创造性思维；喜欢能够学到新知识、掌握新技能的环境；能一个人工作且全神贯注；擅长长远考虑。

劣势：某些观点可能不现实；其思想、观点对别人来说可能过于复杂，难以理解；可能因丧失兴趣而不能持之以恒；对琐碎的日常工作缺乏耐心；对别人的情感、批评和要求反应迟钝。

- ESTJ 型：外倾、感觉、思考、判断型——关心你的事务。

优势：非常务实，对既定目标坚韧不拔；善于了解并重视集体的目标；天生的组织者，擅长做出客观的决定；在推销或谈判时非常有说服力，坚持不懈；善于看到工作中不合逻辑、不协调、不切合实际和无效的部分。

劣势：对不遵守程序的人或不重视重要细节的人缺乏耐心；不能忍受没有效率的工作；追求目标时总想凌驾于别人之上；对当前不存在的可能性没有兴趣；不虚心听取反面意见，有时会粗暴无礼。

• ISTJ 型：内倾、感觉、思考、判断型——从容地工作，并且做好。

优势：所有工作都完成得准确细致；遵守既定的规则和程序；能够专心致志地工作，可以不与别人合作，独立完成工作；是组织忠诚的维护者、支持者；情绪稳定，可以依靠，能够将工作有始有终地坚持做完。

劣势：对于改变后的工作系统适应性较差；见到实际应用后的结果才肯接受新观点；不喜欢变化，有些僵硬、死板；不能理解与自己观念不同的要求；对自己及自己对组织的贡献认识不足。

• ESFJ 型：外倾、感觉、情感、判断型——“我能为你做些什么”。

优势：很好的合作者，能够与别人建立友好和谐的关系；不论是工作还是其他活动，他们都愿意为团体尽自己的力量；工作勤奋，富有效率；认真、忠诚，乐于遵守各种规章制度；善于组织，能够记住并利用各种事实。

劣势：对批评过于敏感，在紧张的工作环境中容易感到压力；没有得到表扬和欣赏时，可能会感到失望；做决定过快，不考虑其他选择；不能找到新的方法解决问题，固执己见。

• ISFJ 型：内倾、感觉、情感、判断型——“我以名誉担保，履行我的义务”。

优势：工作热情，认真负责，十分努力；在有顺序要求、重复性的常规任务中表现出色；细致、全面、注重细节；喜欢为别人服务，支持同事、下属的工作；喜欢用常规方法做事，尊重有头衔的人。

劣势：低估自身价值；对自己需求的判断不果断；经常因兼职太多而超负荷工作；看不见将来后果的征兆，对突然的变化较难适应；当认为自己不被需要或不被欣赏时，会感到灰心。

• ESTP 型：外倾、感觉、思考、知觉型——“让我们忙起来！”

优势：观察力强，对于事实信息有出色的记忆力；能够看出什么是需要做的事情，对于完成事情所必需的事项持有现实的态度；乐于推销和洽谈；对于不同类型的人有很好的适应性；擅长创造性的工作，是天生的创业者。

劣势：不能看到行为的长期后果；对于他人的情感可能不敏感；对于规则和章程很容易感到受约束，不能容忍行政性的细节和程序；在行动上，对于最后期限和日程表缺乏责任感。

● ISTP 型：内倾、感觉、思考、知觉型——“尽我所有，做到最好”。

优势：会完成具体的任务和产品；能使杂乱的资料和难以分辨的材料有序化；通常喜欢手工活，能掌握工具的用法；通常喜欢一个人工作或者同自己尊重的人配合；能够有效区分和使用手头的资源。

劣势：缺乏语言交流的兴趣和能力；对抽象和复杂的理论很少有耐心；容易产生疲劳和厌倦感；对别人的需求和情感无动于衷。

● ESFP 型：外倾、感觉、情感、知觉型——“不要焦虑，快乐起来！”

优势：现实，脚踏实地，有很强的判断力；喜欢积极地工作，适应性强；能在工作中营造愉悦的氛围；在面对面或电话交流中极善交谈；能调动用户和员工的情绪。

劣势：不善于提前计划和察觉行动征兆；易冲动发脾气和焦躁不安；即使在很短时间内独自工作都成问题；规范自己和别人时总不能达到要求；可能对不相关事物和言外之意悟性不够。

● ISFP 型：内倾、感觉、情感、知觉型——“这是有价值的思想”。

优势：喜欢亲身参与，尤其喜欢帮助他人的职业；喜欢变化并能很好地适应新环境；意识到工作重要时能努力工作；对组织忠诚，能愉快地接受领导的命令；在积极支持的气氛中成长。

劣势：不考虑隐含的动机，轻易接纳别人的行为；除非就在眼前，否则看不到机会；容易把批评和否定回答看得很重；不喜欢提前准备，安排时间上有困难；对过多的规则和官僚体制不适应。

3.2.4 MBTI 类型与职业的匹配

知道了自己的 MBTI 类型，可以帮助你了解职业倾向。有研究数据表明，S-N、T-F 两种维度的组合（ST、SF、NF、NT）与职业的选择更为相关。

ST 型的人更关注通过实效和实际的方式应用详细资料，如从事商业活动。例如，一位 ST 型的心理咨询硕士将会成为心理测评和应用方面的专家。

SF 型的人喜欢通过实践的方式帮助别人，如从事健康护理和教育工作。例如，一位 SF 型的心理咨询硕士会更关注自己的管理、领导技能，以促进同事之间形成和谐高效的工作关系。

NF 型的人希望通过在宗教、咨询、艺术等领域的工作帮助人们。例如，一位 NF 型的心理咨询硕士将成为临床专家，帮助人们成长、发展，学习如何更好地了解自己和他人。

NT 型的人更关注理论框架，如科学、技术和管理，喜欢挑战。例如，一个 NT 型的心理咨询硕士会运用他的战略思想和管理技巧，成为人力资源领域的管理者。

工作安全感受 IJ、IP、EP、EJ 的影响最大，其中，EJ 型的人最有工作安全感，而 IP 型的人常常在工作中对组织、未来等缺乏安全感。

如表 3-5 所示，16 种 MBTI 类型各有其职业倾向。其中，职业倾向都是从大的类别描述的，从中理解自己的职业倾向时，请不要陷入类别名称，更重要的是看到这一类别工作的特点。因为在现实的工作世界中，工作岗位名称千变万化，即使相同名称的职位也可能因不同公司而要求各异，所以只有知晓适合自己性格类型的工作特点，才能灵活地运用这一理论帮助自己选择工作。

表 3-5　MBTI 性格类型的职业倾向

类型	职业倾向	类型	职业倾向
ISTJ	天文学家 数据库管理人员 会计 房地产经纪人 侦探 行政管理人员 信用分析师	ISFJ	内科医生 营养师 室内装潢设计师 客户服务专员 记账员 特殊教育教师 酒店管理人员

续表

类型	职业倾向	类型	职业倾向
INFJ	特殊教育教师 建筑设计师 职业咨询顾问 心理咨询师 网站编辑 作家 仲裁人员	INTJ	知识产权律师 设计工程师 精神分析师 心脏病专家 媒体策划 网络管理员 建筑师
ISTP	计算机程序员 警察 软件开发员 律师助理 消防员 私人侦探 药剂师	ISFP	按摩师 客户服务专员 服装设计师 厨师 护士 牙医 旅游管理人员
INFP	心理学家 人力资源管理人员 翻译 社会工作者 图书管理员 服装设计师 编辑/网站设计师	INTP	软件设计师 风险投资家 法律仲裁人员 金融分析师 音乐家 知识产权律师 网站设计师
ESTP	企业家 股票经纪人 保险经纪人 土木工程师 旅游管理人员 电子游戏开发员 房地产开发商	ESFP	幼教老师 公关专员 职业规划咨询师 促销员 演员 海洋生物学家 销售人员
ENFP	管理咨询顾问 演员 平面设计师 艺术指导 公司团队培训师 心理学家 人力资源管理人员	ENTP	企业家 投资银行家 广告创意总监 文案 电视主持人 演员 大学校长

续表

类型	职业倾向	类型	职业倾向
ESTJ	公司首席执行官 军官 预算分析师 药剂师 房地产经纪人 保险经纪人	ESFJ	零售商 护士 按摩师 运动教练 餐饮业管理人员 旅游管理人员
ENFJ	广告客户管理人员 杂志编辑 电视制片人 市场专员 作家 社会工作者	ENTJ	公司首席执行官 管理咨询顾问 政治家 教育咨询顾问 投资顾问 法官

MBTI 性格类型理论及其应用揭示了不同类型的人所具有的不同的、本能的、自然的思维、感觉及行为模式，使我们明白为什么不同的人会对不同的事物感兴趣，为什么不同的人擅长不同的工作，帮助我们与不同类型的人相互理解、高效配合。

MBTI 能够帮助人们更好地进行自我认知。半个多世纪以来，这种理论已广泛应用于团队建设、职业发展、婚姻教育、职业咨询等领域，已经成为世界上应用最广泛的识别人与人差异的有效测评工具之一。人们主要将 MBTI 用于了解受测者的处事风格、个性特点、职业适应性及潜质等，从而提供合理的工作及人际决策建议。

在美国，每年有 300 万人以上参加 MBTI 测评和培训，企业的人力资源管理部门也据此对不同类型的员工进行更好的岗位配置及团队组合。

我们要进一步了解自己感兴趣的日常活动可能培养自己的哪些素质与能力，这些素质与能力可否与社会所提供的某种职业相匹配。

人格类型是将人与人区别开的重要个性特征，也与我们的工作、学习、生活息息相关，了解自己的性格类型及各种性格类型适合的工作非常重要。MBTI 是人格类型认知中较为有效、掌握起来也比较容易的一种工具。大学生可以通过课堂上的学习，以及下文的小活动——“他人眼中的我”，对自己的性格与工作的匹配有一个全面的了解。

3.2.5 探索性格的其他方法

探索性格的方法还有很多，下面我们介绍一种方法，叫作“他人眼中的我”——请同学、朋友、家人等熟悉你的人列出你的五个特质，有助于你更全面地了解自己。

小活动

他人眼中的我

写下自己的五个特质，分别请同学、朋友、家人等熟悉自己的人也列出你的五个特质。看看他们对你的认识与你对自己的看法有什么异同，并和他们讨论这些异同。

“不识庐山真面目，只缘身在此山中。”我们眼中的“自己”，常和别人眼中的“自己”有一些甚至是很大的差距。陷于“自己”这座山，一个人对自己的认识常是有局限的。例如，小A一向觉得自己内向，待人不够热情，但她在同学的反馈中看到了“亲和”“热情”这样的描述。小A在惊讶之余开始反思和重新审视自己，并和同学进行了沟通。她发现，其实自己并不像自己认为的那样内向与不热情，只是过于担心自己成为那样的人而已。明白了这点，小A在和人打交道的时候就轻松了很多，也更有信心了。

因此，对自己性格的了解，不要局限于借助MBTI或其他的性格测评。你身边有很多很好的资源可以帮助你认识自己。当你疑惑你的MBTI类型中有一些描述与你不符时，或许借助身边的资源可以更好地认清自己。从另一个角度来讲，对性格、兴趣、技能等的结构性研究与描述，都是为了让人可以更有思路去觉察自己，因此，要让这些研究与描述服务于你，而不是为它们纠结。无论何时，要允许自己有时间和空间从心里去感受自己是个什么样的人，或想成为一个什么样的人，而不是凭借外在的答案判断自己。

练 习

写下你的 MBTI 类型。

1. 能量倾向：

____

2. 收集信息：

____

3. 处理信息：

____

4. 行动方式：

____

5. 你的 MBTI 类型对应的职业有哪些？

____

6. 找出适合你的职业：

____

7. 你的理想职业：

____

3.3 选我所爱——职业兴趣及其与职业的关系

兴趣是影响人们工作满意度、职业稳定性和职业成就感的重要因素，也是对职业进行分类的重要基础。因此，兴趣是生涯规划中进行自我探索的一个重要方面。本小节强调在进行生涯规划和职业选择时将兴趣作为考虑因素的重要性，并重点介绍了霍兰德的职业兴趣类型论。大学生应学会通过兴趣探索练习和标准化测试等多种形式，对自己的兴趣进行探索和分类，并学会使用“霍兰德职业索引”等工具对职业进行考察，以评估其与个人兴趣的适配度。

3.3.1 兴趣和职业兴趣

人在不同阶段会有不同的爱好、不同的理想。高中阶段化学学得好，在化学竞赛中获了奖，并不表示已经在化学方面具有稳定的兴趣特征，更不能说明未来做化工类工作就一定合适。兴趣是最好的老师！兴趣导向是很好的原则，但中学生的兴趣往往是比较狭窄和表层化的，并不是稳固的职业兴趣；在高中时对某一学科有一时兴趣，并不能保证自己上大学对这个专业仍然感兴趣，更不能保证自己能一辈子做相关的技术或科研工作。

为什么会这样呢？因为我们日常所说的兴趣与选择专业、职业时所言的兴趣有很大差别。《中国大百科全书（心理学卷）》对兴趣的定义是：人们力求认识某种事物和从事某项活动的意识倾向，具体表现为选择性态度和积极的情绪反应。职业兴趣是指一个人是否喜爱某种职业，是一种职业选择与态度的倾向，是个体的兴趣类型和职业类型与目标职业对个体的能力素质要求一致的状态。不同的职业需要具有不同职业兴趣特征的人。下面这个例子可以说明职业兴趣对个人专业及职业选择的重要影响。

2003 年 6 月，23 岁的重庆小伙子刘立早参加高考，被清华大学建筑系录取。考取清华虽然很不容易，但似乎也不应该是轰动全国的大新闻。然而，2003 年 8 月中央电视台《面对面》节目对刘立早进行了采访，不仅因为这是他 5 年中参加的第二次高考，更因为这是他放弃攻读清华大学博士生的机会而参加的一次高考。1998 年，刘立早第一次参加高考，以 612 分的成绩被浙江大学录取，可惜高考分数低于他报考的生物医学工程、计算机及建筑专业的录取分数，被调剂到化工系。2002 年，刘立早以本专业第一名的成绩毕业，并被保送到清华大学化学反应工程专业，直接攻读博士学位。2003 年 3 月，因个人兴趣，刘立早放弃已进行一个学期的化学反应工程专业的学习，向校方提出退学申请。3 个月后，他第二次参加高考，只填报了清华大学的建筑专业，最终以 614 分的成绩被清华大学建筑系录取。可以说，刘立早是为了自己的兴趣而放弃了清华博士的桂冠，冒险重新参加高考的。

记者问刘立早：“选择一个自己真正喜欢的本科专业方向，却放弃了即将得到的博士文凭，如何看待其间的利与弊？”他的回答是：“权衡利弊，一边是化工系直博生，一边是建筑系本科生；利是可以选择自己喜欢的专业，弊是博士学位毕竟比双学位高一等。但是很明显，关键是自己的兴趣和爱好在哪里。自己以后是在一个不感兴趣的专业里痛苦地挣扎，还是在一个喜欢的专业里很快乐地做事，这是涉及我一生的选择。”

研究表明，兴趣可以激发潜能：如果一个人对某项工作感兴趣，往往能发挥他全部工作才能的80%~90%，且能够长时间保持高效率而不感到疲劳；而对工作没兴趣的人，只能发挥他全部才能的20%~30%，并且容易感到精疲力竭。

兴趣是最好的老师，可以让人们快乐地工作。早在2000多年前，孔子就说过：“爱之，能勿劳乎？”意思是：既然自己喜欢，还会觉得辛苦吗？在中央电视台对百度创始人兼CEO李彦宏的一次采访中，谈及工作的强度，李彦宏很平淡地说：“我每天到办公室后就挂到网上，一直到下班都是在做喜欢的事情，就像玩儿一样，没觉得很辛苦啊！”

孔子曰：“知之者不如好之者，好之者不如乐之者。”兴趣是职业成功的起点，一个人找到自己感兴趣的工作，就等于踏上了通向成功的道路，兴趣会让人充满激情。

也许有同学会说：我对玩儿最感兴趣。我们这里谈及的兴趣探索，更多的是指通过平时玩乐所体现出的个人兴趣，基于此，可以更好地探索我们的职业兴趣倾向。

练 习

回忆幸福时光

请放松，深呼吸，然后回忆三个自己感到特别愉快、忘了时空和自己的时候，哪怕只是片刻的时光。请仔细回想当时的细节，以及自己的感受。

讨论：人在什么时候感到幸福？

3.3.1.1 兴趣与投入是人生幸福感的来源

美国芝加哥大学心理学教授米哈利用30年时间对几百位各行各业的人进行了访谈，研究什么东西真正令人们感到幸福和满足。他发现，和人们通常想象的不同，不是在人们很放松、什么事也不做的时候，而是在人们专心致志地投身某种活动或者说忘我地完全沉浸在这种活动中时，他们感到最为愉快和满足。就不同的人而言，幸福和满足可能是跳舞，可能是演奏乐器、绘画，也可能是阅读、写作或即兴演讲等。

米哈利将这种状态称为“flow”（它的原意是“流动”，也被译为“沉浸”或“心流”），这时人们的体验是被一股潮流往前推动，一切都很平稳而自然地发生了。在这种状态下，人们没有考虑到所做事情可能带来什么样的回报或担心自己的表现如何，只是忘情地投入其中，享受这个过程本身带来的快乐。这种活动通常对我们的体力或智能有一定的挑战，同时，人们也在最大限度地使用自己的技能。这也是一种与个人积极情绪（如信心、希望、快乐等）联结的状态，而不是与逃避、焦虑、恐惧等消极情绪联结的状态。

米哈利的这一发现说明：人们的满足感、幸福感往往来源于从事某种活动，而不是无所事事或单纯的享乐。他一直强调，要做自己喜爱的事情，才能获得快乐，而这也正是工作原本的意义所在。对大多数人而言，工作占据的是他们一生之中、一天之中最好的时光。

3.3.1.2 兴趣与生涯发展的关系

显然，如果我们从事的工作是自己喜欢的，那我们的工作和生活会愉快得多，我们对这样的工作也会更有激情，从而更有可能在工作中获得满足感。

兴趣与能力也有密切关系。人们倾向于在他们感兴趣的事情上投入更多的时间，往往得以培养更强的能力。由于有较强的能力，人们在从事自己喜欢的事情时就会感到得心应手，进而兴趣会更加浓厚，从而形成良性循环。也有一些人因为担心能力不足而放弃或怀疑自己的兴趣，却忘记了以兴趣为动力，能力是可以培养的。因此，需要注意的是，兴趣并不等于能力，兴趣测评的分数也不代表能力的高低。在进行职业兴趣的探索时，请不要考虑自己是否有能力做好某事，而只需要考虑你对某种活动的好恶。

大量研究表明，兴趣和工作满意度、职业稳定性和职业成就感之间存在着明显的关联。正因如此，生涯辅导界普遍将兴趣作为自我探索的一个重要方面，并研制出多种量表测量人们的职业兴趣。人们对工作的分类，由于受霍兰德类型论的影响，在很大程度上也是参照对职业兴趣类型的划分进行的。

3.3.1.3 不幸的现状

不幸的是，很多时候，工作似乎变成了一种诅咒。许多人不喜欢星期一，因为要结束周末回去上班，所以英文中有个说法叫“blue Monday”（蓝色星期一，即“忧郁的星期一”）。“周一综合征”在我国也越来越普遍。有人谈到这个时代的怪现状，认为许多人做着自己并不真正喜欢的事情，赚着自己并不真正需要的钱，讨好自己并不真正关心的人。

研究调查也许最能说明这方面的问题。2004 年 4 月，北森测评网与劳动和社会保障部劳动科学研究所、新浪网联合进行了“当代大学生第一份工作现状调查”。结果表明：找到第一份工作后，有 50%的大学生选择在一年内更换工作；两年内，大学生辞职率接近 75%。比例之高令人震惊。2015 年，麦可思研究发布的《中国大学生就业报告》显示：2014 届大学毕业生毕业半年内的离职率为 33%，与 2013 届的 34%基本持平。

如此高的辞职转业率说明，大多数大学毕业生对自己的第一份工作不满意。究其原因，恐怕与许多人抱有的“先就业后择业”的心态，以及其对职业缺少规划有关。上文 2004 年的调查结果显示，33. 0%的大学生“先就业后择业”，认为第一份工作仅仅是由学校到社会的跳板；16. 3%的人“没有太多考虑”就“跟着感觉走”地选择了第一份工作；仅有 17. 5%的人在择业时考虑了“兴趣（爱好）”和“未来的发展空间”这两个因素。

因此，一方面，社会上关于大学毕业生找工作难的呼声越来越高，许多大学生认为自己没有资格挑挑拣拣，只能“先就业后择业”；另一方面，“刚就业，便择业”导致高流动率，而这也给企业聘用大学生带来疑虑——一个恶性循环的怪圈就此形成。这份调查同样证明了许多其他研究得出的结论：兴趣与工作满意度、职业成就感和职业稳定性之间有着密不可分的关系。选择一份符合自己天赋与兴趣的职业，不仅能使占据自己人生最好时光的职业生活更加愉悦，而且能让自己更有信心面对挑战、持续发展，在工作中取得成功。

3.3.1.4 现实的考虑

当然，并不是所有的兴趣都应该或能够在自己的职业中得到满足。兴趣也可以通过兼职志愿活动、参加社团、业余爱好等多种方式实现。关键在于个人对工作和生活（不同的生活角色）的协调与平衡，以及工作与个人爱好的适度统一。在选择职业的时候，有必要将兴趣作为一个重要的因素考虑进去。在现实的基础上进行“择业”，是成功“就业”的前提。

在实际生活中，兴趣与职业也往往交织在一起。虽然我们将兴趣划分为职业兴趣和非职业兴趣，但二者往往界限模糊，几乎每一种兴趣都可以与某种职业联系起来。例如：逛商场、购物的兴趣可以演变为采购或着装指导的工作；饲养小动物的兴趣可以与动物饲养人员、宠物医生、野生动物保护专家挂钩。有很多人也的确将自己的业余爱好变成了自己的职业。例如，有的人因为喜欢收集地图而成为文物所的研究人员，也有的人因为喜欢旅游而成立野外探险俱乐部并成为旅游器材经销商。这样的例子比比皆是。

练 习

兴趣与专业、职业

想一想，你的兴趣可以和哪些职业相联系？这些兴趣有可能与你的专业相结合吗？

如果你自己做这个练习感到困难，你可以就这个问题请教一下你的同学、老师、父母、有相同爱好的朋友，以及与你同专业的前辈……集思广益，或许会对你有所启发。

那么，一个人的兴趣到底应该如何衡量呢？

3.3.2 霍兰德的兴趣类型理论

根据现代心理学理论，兴趣是个人对某种事物或某项活动的一种选择态度，表现为某方面需求的情绪倾向；职业兴趣是指一个人是否喜爱某种职业，是职业选择与态度方面的倾向。兴趣在职业选择中起到重要作用。美国著名职业心理学家霍兰德提出的职业六边形模型是职业兴趣理论中最受关注及肯定的，他编制的测评表是当今应用最广泛的职业测评表之一。根据他的理论，个体的职业兴趣可以影响职业满意度。相关调查也表明，个人对职业的满意度很大程度上取决于个人兴趣和职业环境的匹配程度。

20 世纪 70 年代以来，霍兰德提出了一系列研究假设：①职业选择是人格（personality）的一种表现，某一类型的职业通常会吸引具有相同人格特质的人，这种人格特质反映在职业上就是职业兴趣。②根据人格特质及兴趣倾向，大多数人的职业兴趣可以归纳为六种类型，即现实型（Realistictype，R）、研究型（Investigativetype，I）、艺术型（Artistictype，A）、社会型（Socialtype，S）、经营型（Enterprisingtype，E）和事务型（Conventionaltype，C）。③个人的职业兴趣往往是多方面的，很少只集中在某一种类型上。大家可能都有这六种兴趣，只是偏好程度不同。因此，为了比较全面地描绘个人的职业兴趣，通常用最强的三种兴趣的字母代码表示一个人的兴趣，这个代码被称为“霍兰德代码”（Holland Code）。这三个字母的顺序表示了兴趣强弱程度的不同。比如，霍兰德代码为 SAI 和 AIS 的人具有相似的兴趣，但他们对同一类型事务的兴趣强弱程度是不同的。

这既是兴趣类型，也是人格类型，因为霍兰德认为职业兴趣的选择反映了个体的人格特征。

职业环境也可以分成与人格特质相对应的具有同样名称的六大类型。

人们总是在寻求能够与自己兴趣、能力相匹配的职业环境，如艺术型的人喜欢在艺术型的职业环境中工作，现实型的人倾向于寻求现实型的职业环境。

兴趣与职业的匹配程度决定了个体的职业满意度、稳定性和成就感。

通过广泛细致的调查研究，霍兰德给出了每种兴趣类型的特点。

3.3.2.1 现实型

现实型又称“实践型”“实用型”，具有此类倾向的个体往往掌握技能且机械协调能力较强，常常沉浸于工具与技术的世界。他们稳健、务实，喜欢从事规则明确的活动及技术性工作，热衷于亲自动手操作，具有比较强的实践性；他们往往不善言谈，对人际交往及人员管理、监督等活动不太感兴趣。他们倾向于选择的职业有需要熟练技能的职业、动植物管理方面的职业、机械管理方面的职业、生产技术方面的职业、需要手工艺技能的职业、机械装置与运转方面的职业等。

3.3.2.2 研究型

研究型又称“调研型”，具有此类倾向的个体喜欢理论思维或偏爱数理统计工作，能对解决抽象问题投入极大的热情。他们通常倾向于通过思考、分析解决难题，而不一定落实到具体操作；他们往往是好奇的、聪明的、内省的、具有批判性的，喜欢具有创造性、挑战性的工作，不太喜欢固定程式的任务，独立倾向明显。他们对人员管理及人际交往不太感兴趣，倾向于选择的职业有分析员、设计师、科学家、学者等。

3.3.2.3 艺术型

艺术型又称“创意型”，具有此类倾向的个体对具有创造、想象及自我表现空间的工作表现出明显偏好。他们有一定的创造力，特立独行，乐群性低，对结构化程度较高的任务及环境都不太喜欢，对机械性及程式化的工作毫无兴趣。艺术倾向明显的个体喜欢自我表现，具有丰富的想象力，直觉力较好，敏感而开放。他们喜欢从事各类艺术创作的工作，倾向于选择美术、音乐、舞蹈、戏剧等方面的职业。

3.3.2.4 社会型

社会型又称“社交型”，具有此类倾向的个体喜欢以人为对象的工作，通常语言能力优于数理能力，善于表达，为人随和，乐于与人相处，愿意帮助他人，具有人道主义精神，责任心较强。他们习惯于通过与人商讨或调整人际关系解决问题，不太喜欢以机械和物品为对象的工作。他们适合从事咨询、培训、辅导、说劝类工作，倾向于选择社会福利事业、学校教育以及社会教育、医疗与保健、商品营销等方面可以直接为人服务的职业。

3.3.2.5 经营型

经营型又称“企业型”，具有此类倾向的个体喜欢制订新的工作计划、事业规划以及设立新的组织，并为有效发挥组织作用而积极开展活动。他们喜欢影响、管理、领导他人；自信，精力充沛，有支配欲和冒险精神，具有较高的成就需求；不喜欢具体、精细或需要长时间集中心智的工作。他们倾向于选择的职业有推销员、企业经理、政治家、工商与行政管理人员等。

3.3.2.6 事务型

事务型又称“传统型”“常规型”，具有此类倾向的个体喜欢高度有序、要求明确的工作，对规则模糊、自由度大的工作不太适应；不喜欢承担领导者的责任，习惯于服从，一般较为忠诚可靠，偏保守，在工作中与人交往时会保持一定的距离。工作仔细、有毅力，做事有条理、责任心强；对社会地位、社会评价比较在意，通常愿意在大型机构做一般性工作。他们倾向于选择银行职员、图书管理员、会计、出纳、统计人员、计算机操作人员、办公室职员等职业。

以上六种兴趣类型的人群中，现实型、研究型的人对事物较为关注，经营型、社会型的人对人群较为关注，事务型的人对数据较为关注，艺术型的人对观点、观念较为关注，如图 3-6 所示。

霍兰德划分的六大类型并不是并列的，而是有着明显的边界。六大类型的关系如图 3-7 所示。

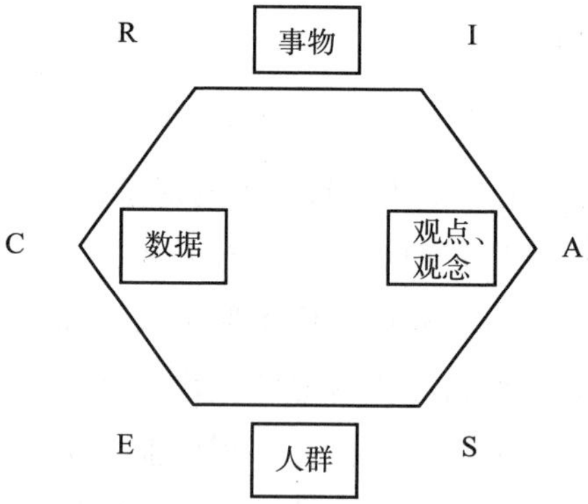

图 3-6　霍兰德职业六边形模型

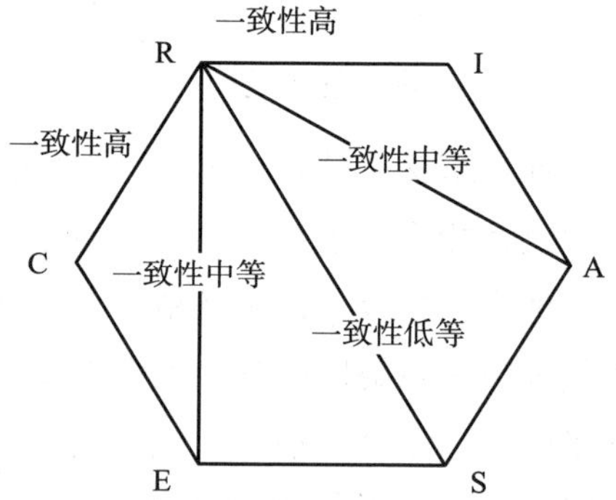

图 3-7　霍兰德兴趣类型的相互关系

从图 3-7 中可以看出，每种类型与其他类型之间都存在不同程度的关系，大体可分为三类：

（1）相邻关系，如 RI、IA、AS、SE、EC 及 CR。有这种关系的两种类型的个体之间共同点较多。例如，R 型、I 型的人都不太喜欢人际交往，在这两种职业环境中也较少有机会与人接触。

（2）相隔关系，如 RA、RE、IC、IS、AE 及 SC。有这种关系的两种类型的个体之间共同点较相邻关系少。

（3）相对关系（在六边形上处于对角位置的类型），如 RS、IE 及 AC。有相对关系的人格类型的个体之间共同点少，因此，一个人同时对具有相对关系的两种职业环境感兴趣的情况较为少见。

如果个人兴趣与职业一致性高，就可以达到人职协调；一致性中等，则人职次协调；一致性低，则会出现人职不协调。根据上面介绍的六种兴趣的类型及其特点，你能发现自己的兴趣类型吗？如果还不清楚的话，可以通过下面的练习进一步探索。

练 习

降落兴趣岛

活动过程：

大家工作累了，乘飞机去度假。途中，飞机的发动机突然出现问题，必须迫降。机长通过广播告诉大家："乘客们，请不要惊慌，我们很幸运地距离六个小岛都不远，可以迫降在其中任何一个小岛上。只是这六个岛各不相同，岛上的人也都做着不同的事情，我们只能去其中的一个。我将小岛的情况向大家介绍一下，请举手表决您想去哪里，选择人数最多的那个小岛将成为我们的目的地。"接下来，机长依次介绍了六个岛的基本情况。

1 号岛屿是自然原始的 R 岛——岛上保留有热带原始森林，自然生态保护得很好，也有颇具规模的动物园、植物园、水族馆等；岛上居民以手工见长，自己种植花果蔬菜、修缮房屋、打造器物、制作各种工具。

2 号岛屿是深思冥想的 I 岛——岛上人烟稀少，建筑物多偏处一隅，平川绿野，适合夜观星象。岛上有天文馆、科技博览馆以及图书馆等。岛上居民喜好沉思、追求真知，喜欢和来自各地的科学家、哲学家、心理学家等交换心得。

3 号岛屿是美丽浪漫的 A 岛——岛上有美术馆、音乐厅，弥漫着浓厚的艺术气息。当地还保留了传统的舞蹈、音乐与绘画等作品，许多文艺界的朋友喜欢来这里找灵感。

4 号岛屿是温暖友善的 S 岛——岛上居民个性温和、十分友善、乐于助人，各社区均自成一个密切互动的服务网络，人们互助合作，重视教育，充满人文气息。

5 号岛屿是显赫富庶的 E 岛——岛上居民热情豪爽，善于经营和贸易。岛上经济发达，到处是高级饭店、俱乐部、高尔夫球场。来往者多是企业家、经理人、政治家、律师等，衣香鬓影，夜夜笙歌。

6号岛屿为现代、井然的C岛——岛上建筑十分现代化，是进步的都市形态，以完善的户政管理、地政管理、金融管理见长。岛民冷静保守，处事有条不紊，善于建立规则。

飞机要在这六个岛中的一个降落，选择之前须注意的问题是：虽然每个岛的生活设施都很完善，但与外界没有联络；可能要在降落的岛上待几个月才能遇到救援船，在此期间需要在那里工作和生活。

第一次选择：按照上面的条件，你的第一选择是迫降至哪一个岛屿？

第二次选择：如果第一选择不行，有第二选择，你选哪个岛？如果第二选择也不行，有第三选择，你选哪个岛？按照一、二、三的顺序选出你认为最符合自己情况的三个，其代码组合就是你的霍兰德代码。得出霍兰德代码后，通过霍兰德职业索引可以找到相应的职业。

3.3.3 根据霍兰德职业索引寻找相应职业

下面介绍如何寻找与你的职业兴趣代码匹配的职业。

首先，根据你的职业兴趣代码找出对应的职业，例如，你的职业兴趣代码是RIA，那么牙科技术员、陶工等是符合你的兴趣的职业。其次，寻找与你的职业兴趣代码相近的职业。如果你的职业兴趣代码是RIA，那么，其他由这三个字母组合成的编号（如IRA、IAR、ARI等）对应的职业，也符合你的兴趣。

RIA：牙科技术员、陶工、建筑设计员、模型工、细木工、制作链条人员。

RIS：厨师、林务员、跳水员、潜水员、染色员、电器修理、眼镜制作、电工、纺织机器装配工、服务员、装玻璃工人、发电厂工人、焊接工。

RIE：建筑和桥梁工程、环境工程、航空工程、公路工程、电力工程、信号工程、电话工程、一般机械工程、自动工程、矿业工程、海洋工程、交通工程技术人员、计量员、农民、农场工人、农业机械操作、清洁工、无线电修理、手表修理、管工、线路装配工、工具仓库管理员。

RIC：船上工作人员、接待员、杂志保管员、牙医助手、制帽工、磨坊工、石匠、机器制造、机车（火车头）制造、农业机器装配、缝纫机装配工、钟表装配和检验、电动器具装配、鞋匠、锁匠、货物检验员、电梯机修工、托儿所所长、钢琴调音员、装配工、印刷工、建筑钢铁工作、卡车司机。

RAI：手工雕刻、玻璃雕刻、制作模型人员、家具木工、制作皮革品、手工绣花、手工钩针纺织、排字工作、印刷工作、图画雕刻、装订工。

RSE：消防员、交通巡警、警察、门卫、理发师、房间清洁工、屠夫、锻工、开凿工人、管道安装工、出租汽车驾驶员、货物搬运工、送报员、勘探员、娱乐场所的服务员、起卸机操作工、灭害虫者、电梯操作工、厨房助手。

RSI：纺织工、编织工、农业学校教师、某些职业课程教师（如艺术、商业、技术、工艺课程）、雨衣上胶工。

REC：抄水表员、保姆、实验室动物饲养员、动物管理员。

REI：轮船船长、航海领航员、大副、试管实验员。

RES：旅游服务员、家畜饲养员、渔民、渔网修补工、水手长、收割机操作工、搬运行李工人、公园服务员、救生员、登山导游、火车工程技术员、建筑工作、铺轨工人。

RCI：测量员、勘测员、仪表操作者、农业工程技师、化学工程技师、民用工程技师、石油工程技师、资料管理员、探矿工、煅烧工、烧窑工、矿工、保养工、磨床工、取样工、样品检验员、纺纱工、炮手、漂洗工、电焊工、锯木工、刨床工、制帽工、手工缝纫工、油漆工、染色工、按摩工、木匠、农民建筑工作、电影放映员、勘测助手。

RCS：公共汽车驾驶员、一等水手、游泳池服务员、裁缝、建筑工作、石匠、烟囱修建工、混凝土工、电话修理工、爆炸手、邮递员、矿工、裱糊工人、纺纱工。

RCE：打井工、吊车驾驶员、农场工人、邮件分类员、铲车司机、拖拉机司机。

IAS：普通经济学家、农场经济学家、财经经济学家、国际贸易经济学家、实验心理学家、工程心理学家、心理学家、哲学家、内科医生、数学家。

IAR：人类学家、天文学家、化学家、物理学家、动物标本剥制者、化石修复者、艺术品管理者。

ISE：营养学家、饮食顾问、火灾检查员、邮政服务检查员。

ISC：侦察员、电视播音室修理员、电视修理服务员、验尸室人员、编目录者、医学实验定技师、调查研究者。

ISR：水生生物学者、昆虫学者、微生物学家、配镜师、校正视力者、细菌学家、牙科医生、骨科医生。

ISA：实验心理学家、普通心理学家、发展心理学家、教育心理学家、社会心理学家、临床心理学家、目标学家、皮肤病学家、精神病学家、妇产科医师、眼科医生、五官科医生、医学实验室技术专家、民航医务人员、护士。

IES：细菌学家、生理学家、化学专家、地质专家、物理学家、纺织技术专家、医院药剂师、工业药剂师、药房营业员。

IEC：档案保管员、保险统计员。

ICR：质量检验技术员、地质学技师、工程师、法官、图书馆技术辅导员、计算机操作员、医院听诊员、家禽检查员。

IRA：地理学家、地质学家、声学物理学家、矿物学家、古生物学家、石油学家、地震学家、原子和分子物理学家、电学和磁学物理学家、气象学家、设计审核员、人口统计学家、数学统计学家、外科医生、城市规划师、气象员。

IRS：流体物理学家、物理海洋学家、等离子体物理学家、农业科学家、动物学家、生物学家、食品科学家、园艺学家、植物学家、细菌学家、解剖学家、动物病理学家、作物病理学家、药物学家、生物物理学家、细胞生物学家、临床化学家、遗传学家、分子生物学家、质量控制工程师、地理学家、兽医、放射性治疗师。

IRE：化验员、化学工程师、纺织工程师、食品技师、渔业技术专家、材料和测试工程师、电气工程师、土木工程师、航空工程师、行政官员、冶金专家、原子核工程师、陶瓷工程师、地质工程师、电力工程师、口腔科医生、牙科医生。

IRC：飞机领航员、飞行员、物理实验室技师、文献检查员、农业技术专家、动植物技术专家、生物技师、油管检查员、工商业规划者、矿藏安全检查员、纺织品检验员、照相机修理者、工程技术员、编计算程序者、工具设计者、仪器维修工。

CRI：簿记员、会计、记时员、铸造机操作工、打字员、按键操作工、复印机操作工。

CRS：仓库保管员、档案管理员、缝纫工、讲述员、收款人。

CRE：标价员、实验室工作者、广告管理员、自动打字机操作员、电动机装配工、缝纫机操作工。

CIS：记账员、顾客服务员、报刊发行员、土地测量员、保险公司职员、会计师、估价员、邮政检查员、外贸检查员。

CIE：打字员、统计员、支票记录员、订货员、校对员、办公室工作人员。

CIR：校对员、工程职员、海底电报员、检修计划员。

CSE：接待员、通信员、电话接线员、卖票员、旅馆服务员、私人职员、商学教师、旅游办事员。

CSR：运货代理商、铁路职员、交通检查员、办公室通信员、簿记员、出纳员、银行财务职员。

CSA：秘书、图书管理员、办公室办事员。

CER：邮递员、数据处理员、办公室办事员。

CEI：推销员、经济分析家。

CES：银行会计、记账员、法人秘书、速记员、法院报告人。

ECI：银行行长、审计员、信用管理员、地产管理员、商业管理员。

ECS：信用办事员、保险人员、各类进货员、海关服务经理、售货员、购买员、会计。

ERI：建筑物管理员、工业工程师、农场管理员、护士长、农业经营管理人员。

ERS：仓库管理员、房屋管理员、货栈监督管理员。

ERC：邮政局长、渔船船长、机械操作领班、木工领班、瓦工领班、驾驶员领班。

EIR：科学、技术和有关周期出版物的管理员。

EIC：专利代理人、鉴定人、运输服务检查员、安全检查员、废品收购人员。

EIS：警官、侦查员、交通检查员、安全咨询员、合同管理员、商人。

EAS：法官、律师、公证人。

EAR：展览室管理员、舞台管理员、播音员、驯兽员。

ESC：理发师、裁判员、政府行政管理员、财政管理员、工程管理员、职业病防治、售货员、商业经理、办公室主任、人事负责人、调度员。

ESR：家具售货员、书店售货员、公共汽车的驾驶员、日用品售货员、护士长、自然科学和工程的行政领导。

ESI：博物馆管理员、图书馆管理员、古迹管理员、饮食业经理、地区安全服务管理员、技术服务咨询者、超级市场管理员、零售商品店店员、批发商、出租汽车服务站调度。

ESA：博物馆馆长、报刊管理员、音乐器材售货员、广告商、画商、导游、（轮船或班机上的）事务长、飞机上的服务员、船员、法官、律师。

ASE：戏剧导演、舞蹈教师、广告撰稿人、报刊专栏作者、记者、演员、英语翻译。

ASI：音乐教师、乐器教师、美术教师、管弦乐指挥、合唱队指挥、歌星、演奏家、哲学家、作家、广告经理、时装模特。

AER：新闻摄影师、电视摄影师、艺术指挥、录音指导、魔术师、木偶戏演员、骑士、跳水员。

AEI：音乐指挥、舞台指导、电影演员。

AES：流行歌手、舞蹈演员、电影导演、广播节目主持人、舞蹈教师、口技表演员、喜剧演员、模特。

AIS：画家、剧作家、编辑、评论家、时装艺术大师、新闻摄影师、演员、文学作者。

AIE：花匠、皮衣设计师、工业产品设计师、剪影艺术家、复制雕刻品大师。

AIR：建筑师、画家、摄影师、绘图员、环境美化工、雕刻家、包装设计师、陶器设计师、绣花工、漫画工。

SEC：社会活动家、退伍军人服务官员、工商会事务代表、教育咨询者、宿舍管理员、旅游管理员、饮食服务管理员。

SER：体育教练、游泳指导。

SEI：大学校长、学院院长、医院行政管理员、历史学家、家政经济学家、职业学校教师、资料员。

SEA：娱乐活动管理员、国外服务办事员、社会服务助理、一般咨询者、宗教教育工作者。

SCE：部长助理、福利机构职员、生产协调人员、环境卫生管理人员、戏院经理、餐馆经理、售票员。

SRI：外科医师助理、医院服务员。

SRE：体育教师、职业病治疗者、体育教练、专业运动员、房管员、儿童家庭教师、警察、引座员、传达员、保姆。

SRC：护理员、护理助理、医院勤杂工、理发师、学校儿童服务人员。

SIA：社会学家，心理咨询者，学校心理学家，政治科学家，大学或学院的系主任，大学或学院的教育学教师，大学农业教师，大学工程和建筑课程的教师，大学法律教师，大学数学、医学、物理、社会科学和生命科学的教师，研究生助教，成人教育教师。

SIE：营养学家、饮食学家、海关检查员、安全检查员、税务稽查员、校长。

SIC：描图员、兽医助手、诊所助理、体检检查员、监督缓刑犯的工作者、娱乐指导者、咨询人员、社会科学教师。

SIR：理疗员、救护队工作人员、手足病医生、职业病治疗助手。

霍兰德指出，个人兴趣类型和职业环境的适配有助于提高个人的工作满意度、职业稳定性和职业成就感。因此，占主导地位的兴趣类型可以为个人选择职业和工作环境提供方向。人们可以结合霍兰德类型了解自己的兴趣，继而探索和理解工作世界。通过自我探索活动或测评工具得出自己的兴趣代码后，就可以对照找出与之相匹配的职业，从而了解哪些工作更适合自己。

做完这个测试，有些同学会感到很欣慰：自己的兴趣（如 R 型）与所学的专业（如机械工程）是一致的，说明自己选对了。也有些同学会很郁闷：自己的兴趣（如 S 型）与所学专业（如材料工程）正好在霍兰德六边形模型中对角线的两端，说明自己选错了专业，是否应该马上申请调换？

这里需要说明的是：霍兰德代码为原版引进，与中国国情有偏差，仅供参考。测试结果不一定准确，需要通过其他方式进行验证。同时，拥有相对立的两种兴趣类型（如霍兰德代码为 RSE，R 与 S 在六边形模型上处于对角线位置）的人并不多见。我们在寻找与自己兴趣类型匹配的工作时往往会遇到困难，因为同一个工作环境很少会包含相对立的两种状况（如既提供大量与人打交道的机会，又提供大量个人单独工作的机会）。在这种情况下，可以考虑从事包含自己某种兴趣类型的工作（如 RE 或 SE），而在业余生活中去满足那些在工作中未被满足的兴趣。

此外，人们常常因为客观条件的限制而感到难以从事自己喜欢的工作。有不少大学生在选专业时由于缺乏对自我和专业的认知而未能选择与自己兴趣类型适配的专业，或由于父母的意见而被迫选择了与自己兴趣类型截然相反的专业。在现实中，改换专业的毕竟是少数。许多大学生因此而感到痛苦，希望通过考研等手段换专业的人不在少数，甚至有人在就读研究生以后退学重新参加高考换专业。那么，面对这种情况，“适配”是否还是一个恰当的、可行的目标呢？

实际上，适配可以通过多种方式实现。

第一，专业与职业并不是简单的一对一的关系，同一个专业其实有相当多的职业可以从事。因此，专业类型的不适配并不一定意味着职业类型的不适配。比如，一个希望当律师帮助弱势群体的女大学生，最高的兴趣类型可能是 S 型，而法律专业常见的职业如律师第一位的兴趣类型则是 E 型。这时候，她可能感到自己所学专业与自己的兴趣不完全匹配，但如果她将来从事“青少年法律援助”之类的工作，则完全可以满足 S 型的兴趣（助人），并很好地与她的专业知识相结合。

第二，专业类型可以与兴趣类型相结合，即使是相对的两种类型，也是如此。比如，一个喜爱文学（艺术型兴趣较高）而学习计算机专业（R 型）的大学生，可以考虑毕业后去计算机专业领域的杂志社工作，这样就可以将自己艺术型的兴趣与实用型的专业结合起来，在一定程度上满足自己的兴趣。

第三，当我们倡导在职业选择上寻求个人兴趣与职业环境之间的适配时，“完全”适配只是我们不断接近的一个理想目标。在现实中，我们通常做不到百分之百适配，但不必因此而放弃对个人兴趣的重视。我们的职业至少应当在一定程度上体现我们的兴趣，可以是百分之九十，也可以是百分之四十，而其余的部分可以在生活中的其他方面通过其他活动（如业余爱好、志愿活动、辅修专业等）实现。

第四，即使一个人从事与自己的兴趣类型不适配的工作，也没必要沮丧。具体的工作千变万化，很难用简单的类型划分。比如，像机械修理这样实用型的工作，也可以加上社会型的元素，将它作为一种为客户提供专业服务的职业。从事某一职业的典型人群通常趋向于特定的兴趣爱好，这既是他们的长处，也可能是他们的弱点；而一个与职业环境不太适配的人，则有可能成为这个群体中独树一帜的人，做出一些独特的贡献，当然，这个人也需要理解并能接受这样的现实：在这个职业环境中，他可能会感到格格不入。

练 习

我的白日梦

请列举出三种你现在或曾经非常感兴趣的职业（排除所有现实的考虑）。写下这些工作的哪些特征吸引你。

____

请回忆三段做某件事情时令你感到快乐、满足的经历。请详细描述这三段经历中是什么令你感到如此快乐、满足。

____

从小到大，你担任过哪些职务？你喜欢哪些职务？不喜欢哪些职务？请具体说明原因。

____

你最喜欢看哪种杂志，这些杂志中的哪些部分吸引你？如果你到书店看书，通常会停留在哪类书架前？（排除因为学习需要的因素）

____

你最喜欢看哪几类电视节目？这些节目中是什么吸引你？（排除纯粹为了放松或娱乐）

____

你喜欢浏览哪类网站？喜欢看该类网站的哪部分内容？它们属于哪个专业领域？（要求同上）

____

闲暇的时候，如果只是出于兴趣的考虑，你最想做什么或学什么？是什么吸引你去做或去学？

____

你最喜欢的科目是什么？为什么喜欢？（排除喜欢某位老师等因素）

____

生活中某些时刻，我们会因为全神贯注做某件事情而忘了时间。那么，什么样的事会让你如此专注？

____

如果回答了“练习”中的所有问题，得到的答案是一致的，比如，你喜欢和别人在一起，喜欢关心、帮助别人，也喜欢与人合作，而你目前所学的专业及其指向职业需要的是有动手能力、喜欢在工作中接触实物（机械、工具、设备和动植物）的人，你需要认真地考虑一下调换专业的事情。

即使你确认目前所学的专业与自己的兴趣相悖，仍然要慎重考虑调换专业的可行性。目前，我国高校对学生调换专业有较为严格的规定，往往成绩较好（平均分在75分以上）才可以申请，这使大部分因为对所学专业不感兴趣而申请调换专业的同学不能如愿。在这种情况下，一些学生想到了退学后再次参加高考，但高考毕竟有很多不确定性，万一失利，失去的不仅仅是一个较好的学习平台（初次考取的大学），还有一两年的宝贵时光。因此，在做最后的选择时，必须充分考虑失败的风险。

生涯规划并不是“非感兴趣的专业不学，非感兴趣的工作不做”。对于兴趣与专业、职业的匹配，台湾学者金树人教授提出了职业兴趣的“落地生根”概念，对同学们应该很有启发。金教授在研究中发现，不少人的卓越成就并非一直按照自己的兴趣学习、工作而获得，而是先在自己不太感兴趣的领域获得了专业知识与技能，然后将这些专业知识与技能应用于自己感兴趣的领域，最终取得了一直致力于自己感兴趣的专业领域的人们难以取得的成果。

这里，我们再来分析一种现象：很多同学的爱好集中在游戏、动漫、电影、美剧、音乐、听歌等方面，但他们并不拥有与之密切相关的职业兴趣，而只是通过这些方式缓解紧张情绪。有的同学虽然拥有钢琴十级证书，但弹钢琴并不是他们真正的兴趣所在，而是家长为其指定的。有的同学甚至说自己通过了钢琴十级考试后就再也没有碰过钢琴。

我们再来分析一下刘立早的专业及职业兴趣。刘立早首次参加高考时，报考了三个专业：生物医学工程、计算机和建筑专业。其实，这三个专业对应的职业兴趣类型是有差异的，生物医学工程与RC型比较吻合，计算机与RI型比较吻合，而建筑学与AI型比较吻合。刘立早被保送清华攻读的化学反应工程专业与IR比较吻合。刘立早虽然对在浙江大学学习的本科专业没有兴趣，但从他专业第一名的成绩来看，其职业类型与专业需求是匹配的，反而与建筑学所需AI兴趣类型差异比较大。这就是职业生涯发展专家认为建筑学专业与其职业兴趣不太匹配的原因。

此外，我们特别强调兴趣与职业兴趣的关系。一个人的兴趣在某种程度上与其职业兴趣是一致的，比如，喜欢与人交往的人往往不仅喜欢能够与人打交道的工作，在平时的娱乐中也喜欢与朋友一起参与活动。然而，并非所有的兴趣都能转化为职业兴趣。比如，很多同学喜欢玩游戏，可真正能成为职业“玩家”的人少之又少，能够通过玩游戏成为游戏开发人员的更是凤毛麟角。

总之，兴趣虽然是影响人们专业选择的重要因素，但绝非唯一因素，个人的性格、价值观、能力乃至机遇等都对我们最终选择什么职业有着深刻的影响。我们最终的职业选择是以上各种因素综合作用的结果。

兴趣是我们学习、工作的重要驱动因素。沃伦·巴菲特说过：“我和你没有什么差别。如果你一定要找一个差别，那可能就是我每天有机会做我最爱的工作。如果你要我给你忠告，这就是我能给你的最好忠告了。”然而，职业兴趣单凭一堂课、一次练习是无法确定的。通过学习，引发大学生对职业兴趣探索的思考与重视，是最终帮助他们确定自己职业兴趣非常重要的开端。

练 习

回答下面的问题，以更加了解你自己。

1. 根据职业兴趣测试得出的你的霍兰德代码：

____

2. 职业兴趣测评所推荐的与该兴趣类型相关的职业：

3. 适合你的职业倾向：

4. 找出你的理想职业：

5. 4 的答案是否属于适合你的职业倾向？

如果符合，恭喜你！

如果不符，你会做怎样的调整？

3.4 做我所能——素质能力与工作胜任力的匹配

如果提到某位同学“能力很强”，你会认为他是怎样的人？课堂上，不同班级的学生的答案惊人地一致：“他是学生干部。”“他的组织能力很强。”“他的口才很好。”所指向的几乎都是社会能力、人际交往能力。

3.4.1 能力初探

能力的内涵十分丰富，既包括社会能力、人际交往能力，也包括绘画等艺术方面的能力及打球等体育方面的能力，更包括几乎人人都需要的学习能力、适应能力等。心理学中的能力，是指人们成功完成某种活动必须具备的个性心理特征。“必须”意味着如果不具备一定的能力，相关的活动就无法进行。虽然我们前面提及的性格、气质等个性心理特征也会影响活动的进行，但它们往往并非必要条件，其作用只是使不同个体的活动带有各自独特的色彩而已。

我们在确定自己能够从事的职业类型时，必须了解自己的能力及其与相关职业的匹配程度。

课堂上问及个人能力，不少学生会说：“我从小到大都没当过学生干部，没什么能力。”这其实是大家对能力的狭隘理解造成的。

下面我们做一个练习，看看学生的个人能力如何。

练习

分享“我的光荣史”及评选“班上的牛人”

通过回忆、描述、分享曾经给你带来最大成就感的事件，发现你的能力所在；通过小组及班级分享，评选出大家心目中“最牛”的同学，并据此分析“牛人”具备的能力。

活动的准备：

1. 写下自己做过的带给自己巨大快乐和成就感的3~5件事。

2. 每件事包括以下内容：你要达到的目标是什么，完成这件事的障碍是什么，你具体做了哪些事，取得了什么成就，用什么能够度量你的成就。

3. 提前准备，留有充分的时间考虑并按照要求写下来，填入表3-6。

表3-6 个人技能探索

序号	要达到的目标	障碍及限制	具体做了什么	取得了什么成就	成就可以用什么度量
1					
2					
3					
4					
5					
6					

要求：

1. 在小组中分享每个人曾经历的成功事件。

2. 每讲完一件事，说明完成这件事所运用的几种能力。

3. 每个成员在分享别人成功的喜悦的同时，指出完成这件事情使用了哪些技能。

给大家带来快乐及成就感的事件是多种多样的，绝大部分学生觉得自己能力挺强的，不少人还发现了自己的“新能力”；当然，很多学生会为自己班上有这么多“牛人”而感叹，并由此为自己树立了更高的目标。

但是，为什么一开始问及能力时，大家的回答都集中在很小的范围？大家为什么对能力有这么大的偏见呢？这可能源于大家对能力的理解有局限。

3.4.2 能力分类

从定义来看，能力是一种个性心理特征，具有经常性、稳定性等特点，是影响活动效果的基本因素。一个具有较强动手能力的人，学习工程专业会容易些，掌握得也更快，这是因为他所具备的能力与所从事活动的要求相匹配。

能力按照倾向性可分为一般能力和特殊能力。前者是指符合许多基本活动要求的能力，如学习能力、记忆能力、观察力等；后者是指符合某种专业活动要求的能力，如乐器演奏、体育竞技所需的各种能力等。不同的职业岗位要求不同，可能既要求具备一些一般能力，也要求具备某些特殊能力。

按照获得的方式（先天具有与后天培养），能力可以分为能力倾向和技能两大类。在现实生活中，个人的能力水平往往是能力倾向和技能两方面相结合的结果。

能力倾向是上天赋予每个人的特殊才能，如音乐、运动能力等。它是与生俱来的，不过也有可能因为未被开发而荒废，因此，这是一种潜能，具有潜在性、可能性等特点，也具有遗传方面的特征，同时包含经过训练后发展的潜在可能性。

技能是指经过后天学习和练习培养而形成的能力，是在能力和知识的基础上，通过反复练习而形成的相对稳定的行动方式，如阅读能力、人际交往能力、表达能力等。在个人成长的过程中，从什么也不会做的小婴儿到一个生活自理，能够看、听、说、读、写的普通成年人，其实我们每个人都已经学会了无数的技能。不同的职业有不同的职业能力要求。职业能力是一个人有效完成特定职业活动所必需的各种能力特征的总和，既包括接受教育、培训之前的能力倾向，也包括在社会生活中积累的职业经验和通过教育、培训获得的学历与技能等。

一般来讲，职业对任职者的能力要求主要是技能层面的，但技能及潜能都是用人单位特别感兴趣的，简言之，既包括你现在能做什么，也包括你将来的职业发展潜力，即你是否有可能承担某些工作。

西德尼·法恩（Sidney Fine）和理查德·博尔斯（Richard Bolles）将技能分为三种类型：知识技能、自我管理技能和可迁移技能。

3.4.2.1 知识技能

知识技能，也称“内容性技能”，是指那些需要通过教育或者培训获得的知识或能力。比如，医生这一职业需要完整的医学专业知识。专业知识需要经过一段时间有意识的、专门的学习才能掌握，而且不能迁移。如果没有额外接受训练，即使是一位经验丰富的成功的律师，也往往不能胜任普通工程师的职位；就算是一位资深的高级工程师，也承担不了医生的工作。

知识技能不可迁移，也就是说，它们是一些特殊的语汇、程序和学科内容，需经过有意识的、专门的培训才能掌握。它们常与我们的专业学习或工作内容直接相关。许多大学生由于不喜欢自己的专业，在找工作时陷入两难境地：一方面，他们认为找工作必须“专业对口”，但是又不喜欢自己的专业，不想将之作为要从事一生的职业；另一方面，如果“专业不对口”，自己不是“科班出身”，与专业出身的应聘者相比缺乏竞争力，而且很难跨越专业的鸿沟。在这种情况下，似乎唯一可行的方法就是通过考研改变专业。

事实上，知识技能并非只有通过正式的专业教育才能获得。除了学校课程外，课外培训、专业会议、讲座、研讨会、自学、资格认证考试等方式都可以帮助人们获得知识技能。此外，很多公司会为新员工提供上岗培训。例如，某会计师事务所在对新员工的培训中，第一年的主要内容就是针对非专业员工补充财会基础。可见，即使是一些专业要求较高的职业如会计师等，其专业技能也可以在就职后的培训中获得。

正如福特汽车公司首席专家路易斯·罗斯（Louis Ross）所言，在信息时代，就你的职业生涯而言，知识就像新鲜奶，纸盒上贴着有效期，如果时间到了，你还不更新所有的知识，你的职业生涯就会腐烂掉。因此，不能满足于已经学会的内容性技能，还要不断学习时代所需的新知识。人的一生中，从获取知识的途径来看，学校学习只占大约10%，90%的知识是在学校之外获得的。因此，我们要特别关注社会实践、兼职、实习等方式，通过各种途径获得的知识、产生的感想或引发的思考等都可以成为内容性技能。

3.4.2.2　自我管理技能

自我管理技能经常被看作个性品质，而不是技能，因为它常被用来描述或说明人们所具有的某些特征。这类技能可以从非工作领域迁移到工作领域，有助于你推销自己。

自我管理技能又称“适应性技能”，用于描述或说明个体具有的某些特征，体现了个体完成一件事情的态度、情绪等，更像个人品质，而不是单纯的技能。和内容性技能不同，适应性技能很难只通过学校课程学习而获得，应由家庭、学校和社会全方位培养。

自我管理技能词汇

诚实 正直 自信 开朗 合作 耐心 细致 慎重 认真 负责 可靠 灵活 幽默 友好 真诚 热情 投入 高效 冷静 严谨 踏实 积极 主动 豪爽 勇敢 忠诚 直爽 现实 执着 机灵 感性 善良 大度 坚强 随和 聪明 稳重 乐观 朴实 渊博 机智 敏捷 活泼 敏锐 公正 宽容 勤奋 镇定 坦率 慷慨 清晰 明智 坚定 亲切 好奇 果断 独立 成熟 谦虚 理性 周详 客观 平和

有创意 有激情 有远见 有抱负 有条理

想象力丰富 善于观察 坚忍不拔 足智多谋 精力旺盛 头脑开放 多才多艺 彬彬有礼 善解人意 吃苦耐劳

从以上词汇中挑出你认为符合自己情况的词，然后思考：为什么你会这样描述自己？有哪些实际生活和工作中的例子可以用来证明你的结论？

3.4.2.3　可迁移技能

可迁移技能也称“功能性技能”“通用技能”，是职业生涯中除岗位的专业能力之外的基本能力，是适用于各种职业、能够适应岗位不断变换、伴随人终身的可持续发展能力。这种技能在德国、澳大利亚、新加坡及我国台湾地区被称为“关键能力”，在美国被称为“通用能力”。平时我们所说的教学、组织、说服、设计、安装、帮助、计算、考察、分析、搜索、决策、维修等能力就是可迁移能力。如果具备了组织能力，既可用在学生活动中，也可用在企业会议安排中。

实际上，越是大公司，越是看重个人的综合素质（也就是“自我管理技能”与“可迁移技能”），而不那么在意个人是否已经具备专业知识。不少外企在校园招聘时已不再区分学生的专业背景。

在求职中，得到面试机会的人，简历上表述的知识技能应该都达到了应聘岗位的要求（当然，这一点还需要在面试中加以审核）；进入最后一轮面试的人，实际上都是能够胜任该职位专业技能要求的人；最终使人获得工作机会，并在工作中长久发展的，是自我管理技能和可迁移技能。

在生涯规划中，可迁移技能是需要被最先和最详细叙述的，也是最能持续应用和最能依靠的技能，知识技能的应用以可迁移技能为基础。

可迁移技能可以在生活的方方面面，特别是工作之外得到发展。当然，也可以迁移应用于不同的工作之中。比如，在宿舍里发生大家争用电话的矛盾时，宿舍长可以组织室友开会讨论，协商解决如何平等使用电话的问题。在这一过程中，就用到了组织、商讨、问题解决、管理等重要的可迁移技能。几乎在所有的工作中，都或多或少地会用到这些技能。

美国著名心理学家和职业专家霍华德·菲格勒（Howard Figler）将可迁移技能划分为十类，并对这些技能在职业竞争中的作用做出了高度评价。这十种技能如下：

一是预算管理，表现为对现有资源的最佳运用。

二是督导他人，表现为执行、实现能力。

三是公共关系，表现为良好的营造氛围能力。

四是应对最后期限的压力，表现为强烈的攻坚能力。

五是磋商和仲裁，表现为合理适当的妥协共存能力。

六是公共演讲，表现为宣传方面的潜力。

七是公共评论协作，表现为公共引导方面的能力。

八是组织、管理、调整能力，是领导能力和资源协调能力的综合体现。

九是与他人面谈的技巧和能力，是个体交往潜力的集中表现。

十是教学和教导能力，表现为传授、传播方面的潜质。

在企业招聘中，可迁移技能往往先于专业技能被考核。在大多数情况下，可迁移技能不足的应聘者没有机会进入下一轮针对专业技能的筛选面试。有人曾经对1000多家用人单位进行调查，结果表明：用人单位最看重的毕业生素质与能力中，责任心、团队精神、道德诚信、沟通能力、学习能力、创新能力、承受压力的能力等排在前几位；用人单位认为毕业生最有待提高的素质与能力中，排在最前面的分别是团队精神、沟通能力、责任心、承受压力的能力、创新能力和自我管理能力。从调研结果来看，目前学生的自我评价与用人单位的要求有一定的差距；学校大多以分数高低判断学生的能力，而用人单位看重的能力（如团队精神、道德诚信等）难以靠分数测量。

技能主要依靠后天学习获得，可通过练习强化，借由过去取得的成绩印证。

在现实中，大学生就业难在一定程度上也与此有关。因为大学生在校时往往更重视专业知识的学习，而忽视自我管理技能和可迁移技能的培养。事实上，作为接受过国家正规高等教育的合格大学生，就专业知识而言，都应该能够达到工作的要求。那为什么企事业单位普遍对刚毕业的大学生不满意呢？麦肯锡咨询公司在2005年发布的一份题为《应对中国隐现的人才短缺》的报告中指出："中国今年将有310万名大学毕业生，是美国的两倍多，但在庞大的毕业生群体中，极少有人具备从事服务业的必备技能。……中国工程类职位的求职者存在的主要缺点是教育体系偏重理论……缺乏参与项目或团队协作的实际经验。实践经验和英语口语水平的欠缺，使求职者中不到10%能够满足跨国公司的要求。"从用人单位对大学生的反馈中，我们可以看出：大学生通常不乏知识技能，但常常缺少敬业精神、沟通能力等自我管理技能和可迁移技能。因此，大学生在校期间，一定要在学好专业知识的基础上，加强对自我管理技能和可迁移技能的培养。

以上三类能力中，比较容易衡量的是知识技能。然而，由于知识、信息的快速更新，在当今职场上，自我管理技能和可迁移技能更为重要。这也为我们提供了不局限于自己所学专业，在更广的范围内选择职业的机会。

可迁移技能是个人最能持续运用和依靠的技能。随着信息时代的到来，新技术的发展日新月异，知识的更新换代不断加快，这意味着个体需要不断学习新的知识技能才能跟上时代的发展。当今时代越来越强调“终身学习”，“学习能力”（可迁移技能）比拿到某个专业的硕士学位（知识技能）更重要。

与知识技能相比，可迁移技能无所谓更新换代，而且无论你的需求和工作环境有什么样的变化，它们都可以得到应用。随着我们工作经验和生活阅历的增加，可迁移技能会不断发展。正因为可迁移技能在许多工作中都会用到，其重要性不容忽视。索尼技术中心会计部经理曾说：“我在聘用一个人时，最为看重的是他的人际沟通能力。这项能力极其重要，因为必须有能力与人交谈才能获得需要的信息。我把 80%的时间用在与索尼其他部门打交道上，我的员工也花费大量时间与本部门之外的人打交道。”

正如前文所述，知识技能的运用以可迁移技能为基础。例如，你的知识技能是动物学，那你将怎样运用它呢？是“教授”动物学，还是当宠物医生“治疗”宠物，抑或是“写作”科普文章宣传爱护野生动物的知识，在流浪小动物保护协会帮助“照料”小动物？这些加引号的词都是可迁移技能。你以前可能没有正式当过老师，但是通过当家教、在课堂上汇报小组科研项目等经历，你已经具备了“教学”的技能。当你把“教学”技能与“动物学”知识结合在一起时，你就可以去应聘相关的职位了。

从这个意义上说，在求职的时候，尽管你从来没有做过某项工作，但只要你实际上具备这项工作所要求的各种技能，你就可以证明自己有资格从事这项工作。即使你不是“科班”出身，你仍然有可能跨专业从事自己想从事的职业，尤其是那些对知识技能要求并不是很高而可迁移技能占重要地位的职业。比如，你并不是营销专业的学生，但凭着良好的沟通能力，你担任过某杂志的校园代理，并在地区销售评比中取得过第二名的好成绩，从可迁移技能的角度来看，这样的经历足以使你成功地应聘到一个公司的销售岗位。

3.4.3 结合岗位需求分析能力

在工作中衡量人的能力，往往综合考查以上三类技能。

我们以 2022 年××直属单位（公务员）高校毕业生考录报名公告为例进行分析。

2022年××直属单位（公务员）高校毕业生考录报名公告

根据《中华人民共和国公务员法》《公务员录用规定》等相关规定，我单位决定组织实施2022年高校毕业生考录××直属单位（公务员）工作。现将有关事项公告如下：

一、招考对象和计划

1. 招考对象为全国普通高等院校全日制统招2022年应届毕业生。

2. 考录计划共计75个。

二、招考岗位

公务员岗位。

三、工作地点

××区本级机关及七地市本级机关等（详情需到现场报名了解）。

四、报考条件

1. 思想政治素质较高，道德品行端正，无违法违纪行为，无不良嗜好，家庭主要成员和社会关系政历清白。

2. 具有正常履行职责的身体条件和心理素质。

3. 有较强的学习、综合分析、组织协调、表达应变能力。

4. 身体健康，体貌端正，身高体重和矫正视力达标。

5. 在校期间学习努力，成绩较好，个性开朗。

6. 具有全国普通高等院校全日制大学本科及以上文化程度。

7. 年龄要求18周岁以上30周岁以下（1992年3月至2003年3月期间出生人员），硕士研究生和博士研究生年龄放宽到35周岁（1987年3月以后出生人员）。

8. 2022年7月30日前顺利完成学业，取得学历、学位、报到证等相关证书；全国大学生英语四级或六级（CET）成绩在425分及以上者优先；其他语种达到相应资格水平优先。

9. 获得全国计算机等级考试（NCRE）二级及以上证书（电子信息类专业毕业生无须提供），持有计算机高等级证书优先。

10. 符合中央及有关省市公务员主管部门规定的其他条件。

下列人员不得报考：

1. 因犯罪受过刑事处罚的；

2. 被开除中国共产党党籍的；

3. 被开除公职的；

4. 被依法列为失信联合惩戒对象的；

5. 在各级公务员招考中被认定有舞弊等严重违反录用纪律行为的；

6. 现役军人、在读的非应届毕业生；

7. 法律规定不得录用为公务员的其他情形人员。

五、报名方式

本次考录拟于2021年12月—2022年1月在全国部分省市开设报名点。具体时间地点请联系相关工作人员。

六、报名材料

现场报名需携带以下材料：本人简历，大一至大三学习成绩单，计算机和英语等级证书（原件、复印件），报名信息表（电子版打印件）、一张5寸近景站立全身生活彩照。

应聘材料不予退还，我单位将严格保密。

七、报名要求

1. 报考人员下载并按照要求填写报名信息表，并于现场报名当日将报名信息表与报名材料一并递交给工作人员。

2. 报考人员对提交材料的真实性、有效性和一致性负责，若有瞒报、虚报，一经查实不予录用。报考者应妥善保管个人信息，防止信息被他人冒用。

3. 此次招考不接受电话、信函、网络及其他方式报名。

4. 现场报名工作严格按照当地疫情防控相关要求开展，因疫情防控要求未能按照指定时间开展的，以各高校就业指导部门公布时间为准。报考人员进入会场需佩戴口罩，近期从疫情中高风险地区返回或身体有异常情况的应聘者不得到现场。

5. 疫情原因，符合相关资格条件但未能参加现场报名的同学可将简历、大一至大三学习成绩单、报名信息表、近景站立全身生活彩照以rar格式压缩，文件名称为“学校+专业+姓名”，并投递至邮箱，后期会由工作人员电话通知择期开展宣讲报名。报名材料于2022年1月25日前发送至以下邮箱，逾期不再受理。邮箱地址：××@ qq. com。

八、各报名点联系方式

报名点	联系人	联系电话
×××	凯老师	189××××××××

以上公告中涉及的能力有学习能力、沟通能力、洞察力、分析能力、总结能力、计算机操作能力、抗压能力、责任心、团队合作与共享精神等，这些是岗位要求。能力探索能够让我们清楚自己的能力构成，以便确定自己是否符合招聘职位对能力的要求。其中，内容性技能包括国家政策和专业知识等，功能性技能包括学习能力、沟通能力、洞察力、分析能力和总结能力，适应性技能包括抗压能力、责任心、团队合作与共享精神。

内容性技能是工作的基础，功能性技能是对知识的操作和运用，适应性技能是对功能性技能的管理。如果将技能比作一艘船，那么内容性技能好比船板，功能性技能宛如船桨，适应性技能则如风帆。大学生若想学有所成，就要努力协调好以上三项技能，成为真正的可用之才。

3.4.4 雇主最重视的技能

根据美国全国大学与雇主协会的调查结果，美国雇主最重视的技能按顺序排列如下：①沟通能力；②积极主动性；③团队合作精神；④领导能力；⑤学习成绩；⑥人际交往能力；⑦灵活性、适应能力；⑧专业技术；⑨诚实正直与工作道德；⑩分析和解决问题的能力。

我们可以看到，①、④、⑥、⑦、⑩属于功能性技能，②、③、⑨则是适应性技能，而内容性技能仅有⑤和⑧。

3.4.5 能力提升

在完成前面“分享‘我的光荣史’及评选‘班上最牛的人’”练习之后，请大家填写以下个人技能探索。

我用得最多的技能：

____

我从来没有用过的技能：

____

我渴望的职位所需技能：

我需要提升的技能：

填完以上个人技能探索，不少同学会有些泄气：我需要提升的技能太多了！没关系，我们还有几年时间才真正进入职场，接下来的大学时光有充足的时间和很多的机会去提升能力。

很多学生喜欢唐朝诗人李白的诗句“天生我材必有用”，然而，应届毕业生常会因求职受挫而备受打击，甚至对自己的能力产生怀疑。能力探索能让大家全面地了解自己的“材”。在职场中，对能力的要求是很复杂的，成才的关键在于以发展的眼光看待并提升自己的能力。可从以下几个方面着手。

第一，通过实践提高能力。职业所要求的能力大多要靠后天努力才能获得，而提高能力的关键在于平时的实践。

如果我们确实欠缺某种能力，则应努力学习。不具备某项技能有时只是因为我们没有接触过，例如，修理电脑，只要认真学习有关知识，大多数人都能逐渐掌握这项技能。

如果我们的能力尚有欠缺，则要相信勤能补拙。希腊著名哲学家德谟克利特先天严重口吃，连日常说话都成问题，于是他每天早晨在爱琴海海滨口含小石子练习发声。经过整整5年的练习，他终于登上了雅典的讲坛。

如果我们对自己某方面的能力不够自信，则应大胆地去尝试。你可能会发现，自己表现不佳只是因为之前一直没有机会或胆量去展示。

第二，根据岗位要求整合能力。一位企业老总给大学生演讲时说：“不要告诉我你学了什么，请告诉我你会什么。”之后还举了自己公司用人的实例。中文系毕业生小张和小王同时应聘办公室文员，他最后选择的是内容性技能“薄弱”的小张，因为他比对手小王多了些“雕虫小技”——除了文字处理之外，还掌握了电脑故障处理、组织会议和活动等技能，而这些是办公室工作经常会碰到的头疼事。比他人多的这“一丁点儿”技能也许就能让老板刮目相看。

这位老总所说的“你学了什么”主要是指内容性技能，而“你会什么”主要是指功能性技能，如修电脑、会议安排等。哈佛大学教授戈尔曼认为："人的成功要素中智力仅占20%，其他因素占80%。"这里的"其他因素"，主要是指适应性技能。现实中的成功者往往是那些"不惟有超世之才，亦必有坚忍不拔之志"的职业人士。他们拥有良好的适应性技能，能够和他人沟通协调、相处融洽，并且情绪稳定，对挫折有较强的耐受力。社会在不断进步，个人职业发展的要诀在于综合运用自己的各项技能，不满足于内容性技能的获取，还注重功能性技能的培养，以及适应性技能的提升。

职业活动不是只需要单独地使用某种能力，而是需要整合多种能力。实际上，我们不可能单靠一种能力胜任某种职业，但每种职业都会特别强调某种能力。要对能力加以整合，才能在职场中得心应手。

练 习

你有哪些知识技能？

尽可能全面地列出你所掌握的知识技能，再从中挑选出你自己感觉比较精通的和你在工作中应用或希望应用的，最后排列出对你来说最重要的五项。

在学校课程中学到的（如英语、地理等）：

____

在工作（包括兼职和暑期工作）中学到的（如电脑制图等）：

____

通过课外培训、辅导班、研讨班学到的（如绘画等）：

____

从专业会议中学到的（如心理学在现代生活中的应用等）：

____

从志愿者工作中学到的（如饲养小动物等）：

____

从爱好、娱乐休闲、社团活动、家庭职责中学到的（如摄影、缝纫等）：

____

通过阅读、看电视、听磁带、请家教等方式学到的（如钢琴演奏、PPT制作等）：

____

请家人和同学帮助你一起回忆你在校内外都学到了哪些专业知识（不管程度如何）：

____

在小组中，每人轮流说出一样自己具备而别人还没有说过的知识技能。在盘点了自己现有的知识技能以后，把思绪转向未来，想想哪些知识技能你目前还不具备，但你希望自己拥有，可以通过一些什么样的途径来获取。我尚不具备但希望拥有的知识技能：

____

需要注意的是，技能的组合更为重要。通常我们所说的“复合型人才”，是指具有不同知识技能的人。技能的良好组合会使我们在人才市场上更具竞争力，也更有可能将工作完成好。例如，如今懂英语的人很多，但既精通英语又精通建筑专业知识的人就不那么多了，而在大型合资建筑工程中，非常需要能与外国专家进行良好沟通的专业人才。又如，一个辅修平面设计专业的心理系学生，更有可能在进行设计工作时运用自己的消费心理学知识与客户进行充分的沟通，令客户更加满意。从这个角度来说，不论你现在学习的专业是不是你所喜爱的，或是你将来要从事的，你从中获得的专业知识都有可能在某个时刻派上用场。

小活动

我的未来不是梦

“我的未来不是梦”中的“梦”是指理想中的自己感兴趣的事情（职业），实现这个梦需要有与之相应的能力。没有能力去做自己感兴趣的事情是比较痛苦的，顺利地完成一些事情有助于良好性格的养成，以及远大理想的树立。按照以下要求完成能力提升表。

（1）为了更好地发挥技能，在心中想象一个特别向往的职业。

（2）仔细思考这一职业所需能力有哪些。

（3）这些能力当中自己已经具备的能力有哪些，还需要发展的有哪些？

能力提升表

我梦想中的职业：

____

1. 知识技能

我已经拥有的：

____

我仍需发展的：

____

2. 自我管理技能

我已经拥有的：

____

我仍需发展的：

____

3. 可迁移技能

我已经拥有的：

____

我仍需发展的：

____

没有人是万能的。对于那些目前还不具备的能力，大学生应认真思考一下，是自己确实不具备这项能力且短期乃至较长的时间里都难以具备，还是没有意愿获得或动力不足。对于那些已经拥有的技能，也应琢磨一下，哪些是可以做得更好的，哪些是目前难以提升的，是否有可能通过学习和实践进行提升。要承认自己有可能在某些方面较弱，从长远发展来看，应该扬长避短。

能力是最终使我们完成某项工作的关键因素。我们在教学中发现，很多学生认为自己能力平平，这实际上是对自己能力的误解。总体而言，能够考进大学的学生，都有较强的学习能力，智商也不低。不少学生已经具备了基本技能，再根据自己希望将来从事职业的岗位要求进行相关能力的培养，在未来进入职场时将更加自信。

3.5 寻我所需——个人价值观及其与职业的关系

价值观是指我们在生活和工作中看重的原则、标准与品质。它是个体行为背后的深层动机，对个体的职业选择和发展能起到重要的激励作用。因此，在进行生涯规划和职业选择时，我们应当重视对自身价值观的澄清，培养正确的价值观，追求有意义的人生。

3.5.1 价值观及职业价值观

一个人生命中最重要的事情是什么？如果我们问一个饥饿的人，他的答案一定是“食物”；如果我们问一个快要冻死的人，答案一定是“温暖”；如果我们问一个孤独的人，答案可能是“他人的陪伴”。

然而，当这些基本需求被满足后，是否还有一些东西是每个人都需要的呢？哲学家认为，答案是肯定的：不能只靠面包过日子。当然，每个人都需要食物，每个人都需要爱与关怀，不过，除了这些，还有一些东西是人人需要的，那就是明白我们是谁，为何会在这里。因此，人的需求是有层次的。

你认为生命中什么是最重要的？你最需要什么？你生命的意义是什么？这些就是一个人的价值观。

根据马斯洛的需求层次理论，人的需求分为以下几种：

（1）生理需求：经济保障、工资待遇。

（2）安全需求：工作稳定、工作条件好。

（3）社交需求：人际关系、团队合作。

（4）尊重需求：成就、地位、声望、自主性。

（5）自我实现的需求：发展和成长、兴趣、创造性、社会意义。

价值观对动机有导向作用，人们的行为动机受价值观的支配和制约。在相同的客观条件下，具有不同价值观的人动机模式不同，产生的行为也不相同，只有经过价值判断认为可取，才能转换为动机，引导人们的行为。

具体到对职业的认知，价值观具有非常重要的作用。价值观反映人们的认知和需求状况，是人们对客观世界及行为结果的评价和看法，因此，它从某个方面反映了人们的人生观和世界观，反映了人的主观认知世界。

在特定的时间、地点、条件下，人们的价值观是相对稳定和持久的。

若问什么是“好”工作，通常是仁者见仁、智者见智。有人说“事少钱多离家近”就是“好”工作，但现实中有这样的工作在等着你吗？要么事少往往钱也少，要么钱多事多还离家远。只能说有的人看重高薪，有的人追求稳定，有的人乐于竞争，有的人安于清闲……什么样的因素会特别打动你，让你毅然选择某份工作？其实，在选择职业时，我们往往会考虑多种因素，但没有哪份工作能够满足所有的条件，而你最看重的一点可能会左右你的选择，这就是职业价值观。

练 习

我生命中最宝贵的五样

人的一生之中总有许多东西难以割舍。在同学们的生活中，也有一些东西非常重要。现在，给大家五分钟时间，请大家认真思考，然后写下你认定的生命中最宝贵的五样东西。接下来，请同学们逐一删去你认为五样东西中不那么重要的，最后只留下一样。练习结束后，请同学们仔细思考：最终留下的，是不是你生命中最宝贵的东西，是不是你生命存在的意义？

这是一项探索个体价值观的练习。那么，这里的“价值”是指什么？我们为什么会认为有的事物有价值（意义），而有的事物没有价值（意义）呢？

价值涉及两个方面，一方面是主体的需要，另一方面是客体的某种结构、属性，二者缺一不可。客体及其属性是价值的载体，如果没有这种载体，价值也就失去了源头。但是，如果这种载体不和人发生联系，它只能是纯粹的自然之物，只能是事实而不表现为价值。比如，我们习惯于将直接或间接对人类有益的鸟称为“益鸟”，把对人类造成一定危害的鸟称为“害鸟”，其中的“益”和“害”都是相对于人类这一主体的需要而言的。

价值观是指个人对客观事物（包括人、物、事）和自身行为结果的意义、作用、效果和重要性的总体评价，是推动并指引一个人做出决定、采取行动的原则与标准，是个性心理结构的核心因素之一。价值观就是我们在生活和工作中看重的原则、标准或品质。它指向我们一生中最重要的东西，是一套自我激励机制。人的价值观在形成之后就会相对稳定和持久，对很多事情也会有自己的评价体系。但是，随着人们经历或经验的增加，以及人生观和世界观的改变，价值观也会发生变化。价值观举例见表3-7。

表3-7 价值观举例

人际关系，归属感，团队合作，物质保障、高收入，稳定，安全，创造性，多样性和变化性，新鲜感，乐趣，自由独立，被认可，受尊重，能帮助他人，能发挥自己的才能，成就感，成功，名誉，地位，有意义，有学习、发展、成长的机会，领导或影响他人，有益于社会，挑战性，冒险性，竞争，符合自己的道德观，工作环境，工作地点，工作与生活的平衡，健康，家庭，朋友，亲情，亲密关系，爱，信仰，幸福，为社会服务，和谐，平等……

心理学在探求人的价值观时会用到“价值因子”这一概念。心理学界对于价值因子的分类有很多种，其中，罗克奇的分类方式为大多数人所认可。罗克奇根据“工具—目标”维度把价值因子分为终极性价值和工具性价值（见表3-8）。终极性价值是指一个人希望通过一生实现的目标，是理想化终极状态和结果。工具性价值是指达到理想化终极状态采用的行为方式或手段，是个体实现终极性价值的手段。

表3-8 罗克奇的价值因子分类

终极性价值	工具性价值
舒适的生活（富足的生活）	雄心勃勃（辛勤工作、奋发向上）
令人振奋的生活（刺激的、积极的生活）	心胸开阔（开放）
成就感（持续的贡献）	能干（有能力、有效率）
和平的世界（没有冲突和战争）	欢乐（轻松愉快）
美丽的世界（艺术和自然之美）	清洁（卫生、整洁）
平等（机会平等）	勇敢（坚持自己的信仰）
家庭安全（照顾自己所爱的人）	宽容（谅解他人）
自由（独立、自主的选择）	助人为乐（为他人的福利工作）
幸福（满足）	正直（真挚、诚实）
内在和谐（没有内心冲突）	富于想象（大胆、有创造性）
成熟的爱（性和精神上的亲密）	独立（自力更生、自给自足）
国家的安全（免遭攻击）	智慧（有知识、善思考）
快乐（休闲的生活）	符合逻辑（理性的）
救世（永恒的生活）	博爱（温情的、温柔的）
自尊（自重）	顺从（有责任感、尊重他人）
社会承认（尊重、赞赏）	礼貌（有礼、性情好）
真挚的友谊（亲密关系）	负责（可靠的）
睿智（对生活有成熟的理解）	自我控制（自律的、约束的）

终极性价值和工具性价值虽有差别，但相辅相成。例如，我们认真努力地去完成一项工作，其工具性价值是锻炼能力，终极性价值则是获得舒适的生活；我们与别人和谐地交往，其工具性价值是助人为乐、博爱，终极性价值则是自尊、快乐。我们在探寻价值时，由于生活经历的局限，比较容易体会、认同工具性价值，而事实上，往往终极性价值会长期影响我们的职业感觉，以及职业价值观。

舒伯认为，职业价值观是个人追求的与工作有关的目标，即个人的内在需求及其在从事活动时所追求的工作特质或属性，它是人生价值观在职业问题上的反映，即个人对与工作有关的客观事物的意义、重要性的评价和看法。不同个体对职业的需要和看法不同，从而产生了不同的职业价值观。

职业价值观体现了一个人真正想从工作中得到什么，决定了个体对工作的相对稳定的、内在的追求，对个体的职业选择与职业发展起着方向导引及动力维持的作用。

对于职业价值的内在结构，不同学者有不同的划分方法。对职业价值观因子，不同学者也有不同的看法，比较有代表性的是舒伯的职业价值观量表，具体的因子有 15 个（见表 3-9），并可归纳为三个维度，具体如下。

（1）内在价值维度，指与职业性质有关的因素，即工作本身的一些特征。它包括 7 个因子——智力激发、利他主义、创造发明、独立自主、美的追求、成就满足、管理权力。

（2）外在价值维度，指与工作内容无关的外部因素，即工作的环境。它包括 4 个因子——工作环境、同事关系、上司关系、多样变化。

（3）外在报酬维度，指在职业活动中能获得的因素。它包括 4 个因子——声望地位、安全稳定、经济报酬、生活方式。

职业价值观在职业生涯规划中的作用正如李开复所说：“行为、态度和价值观环环相扣，一个人要想取得成功，就必须拥有正确的价值观，因为价值观是指导所有态度和行为的根本因素，因此，职业价值观不仅关系到个体的职业选择，而且推动着个体的职业发展。”

表 3-9　舒伯的职业价值因子

维度	职业价值	职业价值的内涵
内在价值	智力激发	工作目的和意义在于提供独立思考、学习与分析事理的机会
	利他主义	工作目的和价值在于直接为大众的幸福与利益尽一份力
	创造发明	工作目的和意义在于让个人发明新事物、设计新产品或发展新观念
	独立自主	工作目的和意义在于允许个人以自己的方式或步调进行，不受太多限制
	美的追求	工作目的和意义在于努力使这个世界更美好，且能得到美的享受
	成就满足	工作目的和意义在于看到自己努力工作的具体成果，不断完成自己想要做的事，并因此获得精神上的满足
	管理权力	工作目的和意义在于赋予个人策划工作、分配工作及管理下属的权力
外在价值	工作环境	工作目的和意义在于追求舒适、轻松、自由、优越的工作条件和环境
	同事关系	工作目的和意义在于与志同道合的伙伴一起愉快地工作
	上司关系	工作目的和意义在于与主管平等且融洽地相处，获得赏识
	多样变化	工作目的和意义在于尝试不同的工作内容，多姿多彩、富有变化
外在报酬	声望地位	工作目的和意义在于提高个人身份或名望，所从事的工作在人们的心目中有较高的社会地位，自己受到他人的推崇和尊重
	安全稳定	工作目的和意义在于获得安定生活的保障，即使经济不景气也不受影响
	经济报酬	工作目的和意义在于获得优厚的报酬，使个人有能力购置所想要的东西，生活较为富足
	生活方式	工作目的和意义在于选择自己喜欢的生活方式，并实现自己的理想

2015 年 12 月初，一则题为“Facebook 创始人扎克伯格夫妇决定将其 99%的股份（市值高达 450 亿美元）都捐赠给基金会”的新闻被全球各大网络媒体转载。有人不相信这是出于“情怀”，认为扎克伯格夫妇这么做是为了避税。但仔细分析扎克伯格夫妇的言行，就知道这是他们的价值观使然，他们不仅具有智力激发、创造发明的价值观，还具有很强的利他主

义价值观，因此，成立基金会、捐赠股份是顺理成章的选择。

比尔·盖茨在宣布退休时，将580亿美元的个人资产全部捐给自己和妻子名下的基金会，创造了“裸捐”之最。从1994年到2018年，盖茨夫妇通过旗下基金会总共捐赠了超过350亿美元。这也是价值观使然。

职业价值观通常都与某种工作相关联。如果你十分在意工作的稳定性，那么公务员、国企管理人员可能是不错的选择；如果你看重的是创造性，那么广告设计、策划管理等工作会很有吸引力。

职业价值观能让你在面临困境时仍保持斗志。当工作与个人价值观相悖时，工作往往会变成痛苦的来源；但如果工作与个人价值观相符，即使其他条件并不如意，你往往也能乐在其中。

一个清楚自己职业价值观的人，明白工作的目标和意义是什么，自己在工作中真正想要的是什么，能将自己最强烈的需要与不同的工作性质联系在一起，在面对多种职业选择时较容易做出明智的决定，最终找到适合自己的职业。

3.5.2 职业价值观评估

职业价值观是个体独特经历的反映，影响着个体的职业选择和发展，因此，厘清自己的职业价值观十分有必要。那么，如何才能厘清自己的职业价值观呢？

在职业价值观心理测评中，目前使用较多的是宁维卫于1990年修订的舒伯编制的“职业价值观量表”（见表3-10），它包括60个项目，涉及15种职业价值观。学生可以自行施测，以了解自己的价值观。

练 习

职业价值观量表测评

请仔细阅读表3-10中各选项的内容，在每题前面的空格中填入数字1~5中的一个。该数字代表该选项对你的重要性：5代表非常重要，4代表很重要，3代表重要，2代表不太重要，1代表不重要。

表 3-10 职业价值观量表

分值	题号	题目	分值	题号	题目
	1	能参与救灾济贫工作		31	能够减少别人的苦难
	2	能经常欣赏完美的艺术作品		32	能运用自己的鉴赏力
	3	能经常尝试新的构想		33	常需构思新的解决方法
	4	必须花精力去深入思考		34	必须不断地解决新的难题
	5	在职责范围内有充分自由		35	能自行决定工作方式
	6	可以经常看到自己的工作成果		36	能知道自己的工作绩效
	7	能在社会上扮演更重要的角色		37	能让你觉得出人头地
	8	能知道别人如何处理事务		38	可以发挥自己的领导能力
	9	收入比相同条件的人高		39	可使你存下很多钱
	10	有稳定的收入		40	有好的保险和福利制度
	11	有清静的工作场所		41	工作场所有现代化的设备
	12	主管善解人意		42	主管能采取民主的领导方式
	13	能经常和同事一起休闲		43	不必和同事有利益冲突
	14	能经常变换职务		44	可以经常变换工作场所
	15	能成为你想成为的人		45	常让你觉得如鱼得水
	16	能帮助贫困和不幸的人		46	能经常帮助他人解决困难
	17	能增添社会的文化气息		47	能创作优美的作品
	18	可以自由地提出新颖想法		48	常需提出不同的处理方案
	19	必须不断学习才能胜任		49	需对事情进行深入分析研究
	20	工作不受他人干涉		50	可以自行调整工作进度
	21	常觉得自己的辛劳没有白费		51	工作结果受到他人肯定
	22	能使你更有社会地位		52	能自豪地介绍自己的工作
	23	能够分配调整他人的工作		53	能为团体拟订工作计划
	24	能经常加薪		54	收入高于其他行业
	25	生病时能得到妥善的照顾		55	不会轻易被解雇或裁员
	26	工作地点光线、通风好		56	工作场所整洁卫生

续表

分值	题号	题目	分值	题号	题目
	27	有一个公正的主管		57	主管的学识和品德让你敬佩
	28	能与同事建立深厚友谊		58	能够认识很多风趣的伙伴
	29	工作性质常会变化		59	工作内容随时间变化
	30	能实现自己的理想		60	能充分发挥自己的专长

职业价值观量表的计分及解释见表3-11。

表3-11　职业价值观量表的计分及解释

职业价值观	对应的题目
利他主义	1，16，31，46
美的追求	2，17，32，47
创造发明	3，18，33，48
智力激发	4，19，34，49
独立自主	5，20，35，50
成就满足	6，21，36，51
声望地位	7，22，37，52
管理权力	8，23，38，53
经济报酬	9，24，39，54
安全稳定	10，25，40，55
工作环境	11，26，41，56
上司关系	12，27，42，57
同事关系	13，28，43，58
多样变化	14，29，44，59
生活方式	15，30，45，60

需要说明的是，职业价值观一旦形成，往往能够决定我们的职业追求，但它也会随着现实环境的变化而发生一些改变。大学生在进行职业生涯规划时，既要看到职业价值观的稳定性和长远性，也要看到它的可变性和现实性。

一方面，职业价值观应符合社会现实。探索职业价值观需要将个人价值观同社会价值观在一定程度上相结合，既要知晓“我想要什么”，也要符合“社会需要什么”。每个人都是社会人，不可能离开社会而单独存在，社会价值是实现个人价值的基础，没有社会价值，人的自我价值就无法实现。

一些即将走出校门、没有任何工作经验的大学生，期望一毕业就做管理工作，当白领、成精英，这不现实。在人才市场中，营销岗位的需求很大，很多同学却不愿意从事这类工作。由此，一个怪现象出现了：招人的部门没人去，想去的部门不招人。调查显示，大学生最愿意去的三个地方依次是政府机关、事业单位、大型国企。这表明大学生非常看重职业价值观中的“声望地位”和“安全稳定”。这是个人发展的必然要求，但是现阶段就业形势非常严峻，职业追求与就业现实的落差要求我们及时调整观念。其实，职业本无高低贵贱之分，职业声望并不是工作本身赋予你的，而要靠自己去争取。

另一方面，应经常审视职业价值观。随着所处生涯发展阶段、社会环境的变化，我们的职业价值观也在不断改变，如鲁迅弃医从文就是自身职业价值观的改变。

我们应经常审视自己的职业价值观中是否有不太合理的地方。在确定职业目标时，一定要认真地问问自己：究竟想要怎样的工作，想过怎样的生活？如果你愿意竞争、追求成就，可留在大城市打拼；如果你追求稳定，可选择事业单位。

此外，当今社会多元文化的冲击也会导致原有价值观的改变。如今是“三百六十行，行行出状元”。

和其他特质相比，职业价值观隐藏较深，不易察觉和理解，却会对我们就业产生重要影响。职业价值观的最终获得来自生活的磨砺、成败得失之后的总结。因此，对大学生尤其是大一新生而言，对价值观进行探索是有些难度的，但只要不断探索，价值观就能从肤浅的、理想化的或模糊化的逐渐变得明确。

价值观是一种价值体系。在生命中，你认为什么是最重要的，生命的意义是什么，这就是一个人的价值观。我们每个人都会受到生存环境和生活方式的影响，形成自身独特的价值观，这种独特的价值观会影响我们对职业的选择。我们在择业时可能会因外界的诱惑而违背自己的价值观，做出错误的选择，导致自己在将来的工作中不如意。因此，认识并尊重自己的价值观非常重要。一个人越清楚自己的价值观，越了解自己在工作和生活中想要寻求什么，什么对自己来说是最重要的，他的生涯发展目标也就越清晰。

3.6 自我评估——发现独特的自己

通过前文的探讨，我们已经知道，在谈及一个人时，除了他的姓名、性别、社会身份外，还会涉及其他信息，包括心理自我：性格——他适合做什么及与他相处有何注意事项，兴趣——他喜欢做什么，能力——他能做什么，价值观——他看重什么。这些个性特征从各个侧面展示了个体的职业心理，对其选择合适的职业有重要的参考意义。这些个性特征中，性格有一定的先天成分，需要自己去发现；兴趣、价值观的形成受成长环境的影响，有一个逐渐稳定、成熟的过程；能力主要靠后天的努力获得，可以不断提高。研究表明：个体的能力是职业规划中最为外显的因素，性格和兴趣次之，价值观最为隐蔽。

上述个性特征对我们的职业选择和职业发展有至关重要的影响。一个人对其职业选择是否满意，不仅取决于其中某一个因素，而需要将所有因素作为一个整体进行把握。因此，各因素之间的整合尤为重要。

在进行个性特征的整合时，我们应力求全面分析、重点把握。一方面，应深入细致地理解各个心理因素的评估信息，特别是相关特征以及测评分数的含义；另一方面，需特别关注得分偏高或偏低的特征，这些特征往往是个体职业心理中非常突出的特点，把它们联系起来，往往能更加全面地了解一个人。

3.6.1 性格类型与能力

目前，不论是组织招聘还是个人择业，在考量胜任特征时往往强调能力，对性格的重视程度不够。事实上，能力代表的是个体在活动中达到的最高水平，如果性格与所从事活动的要求比较吻合，则能力的发挥比较自然，否则就要付出很大的努力。与此同时，性格的差异决定了个体的能力优势体现在不同的方面。

前文案例中提到的张丹（ENTJ）和李淼（ISFP），所学专业相同，两个人的成绩都不错。如果大学毕业找工作，二者所体现的内容性技能是接近的，但表现出的功能性技能和适应性技能会有很大的差异，适合的职业类型也有很大的差异。如果两个人都选择从事会计工作，张丹可能会经常面临账做不平的问题，不胜其烦；李淼则可能遇到同事在报销时不符合财务制度请她通融的情形，她会夹在人情与原则之间感到左右为难。

3.6.2 职业兴趣与能力

人的兴趣和能力可能是重合的。兴趣促使我们更加关注工作内容，因而有利于能力的提高，继而我们能更好地投入工作，胜任某项工作又会激发我们更大的兴趣，从而使我们更加努力地工作，这样，一切就会比较顺利。然而，不同的组织类型、岗位对员工的能力要求有很大的不同，因此，选择适合自己个性特征的组织及岗位就显得非常重要。

假如张丹和李淼都愿意到企业工作，由于张丹性格外向、善于与人沟通，又有较强的规则意识和计划性，在管理规范的大中型企业会有更好的发挥平台；而李淼性格内向、不太喜欢与人沟通，但善于把握细节，能适应新情况，在创业公司会有更大的发挥余地。

由于现实条件的限制，人们经常会遇到个体感兴趣的未必是擅长的，或擅长的未必感兴趣的情形，此时，职业选择会出现两种情况：一是以兴趣为导向选择职业，会令人兴奋甚至痴迷，加倍努力以胜任工作，但若能力不够，则会带来焦虑；二是以能力为导向选择职业，会让人工作轻松，但若忽略了兴趣，也极易导致职业倦怠。

3.6.3 职业兴趣与价值观

职业能给我们带来丰富的资源，工作过程也许会满足我们的创造、自由、审美等诸多愿望，工作结果会带来各种回报，如薪水、福利、进修机会等。然而，在审视具体工作时，我们经常会发现让自己感到遗憾的地方。比如，一份工作很难提供自己希望得到的所有资源，也许我们会对某项工作带来的报酬感到满意，但对工作内容本身不感兴趣；或者对工作内容有兴趣，但对工作结果不满意；或者对工作所得薪水满意，但对社会地位不满意……解决这类冲突的过程，实际上就是价值观澄清的过程，这有助于弄清我们为何对某些职业而不是另一些职业感兴趣。然而，在大学阶段，区分职业兴趣与价值观有时并不容易。

很多同学都听说过一句话：“不忘初心，方得始终。”然而，根据畅销书《设计你人生：如何打造一个充实快乐的人生》中的观点，初心也可能成为你人生的绊脚石。

50 多年前，一部名为《雅克·库斯托的水下世界》的纪录片风靡美国。小男孩大卫·埃文斯是这部纪录片的忠实粉丝，从那时起他就打定主意，长大后要从事海洋生物学研究工作。

高中毕业后，大卫以优异的成绩被斯坦福大学录取，选择了生物学作为专业方向。然而没过多久，他就发现自己对生物学丝毫不感兴趣，学业也一塌糊涂。大卫的同学和导师都劝他放弃，他却要坚持当年的初心，但在坚持了两年半之后，还是放弃了。

回头总结时，他发现自己只是崇拜纪录片里的雅克·库斯托，而不是喜欢海洋生物学。小时候的生物老师善于激发学生兴趣，也让大卫误以为海洋生物学就是他喜欢的职业方向。

这个曾经坚守初心的大卫，正是《设计你人生：如何打造一个充实快乐的人生》这本书的作者之一。他主讲的同名课程“设计你人生”是斯坦福大学最火爆的选修课之一，曾帮助上千名大学生、职场人、退休高管找到人生方向。

未来几十年，职业类别、职场环境将发生翻天覆地的变化，你可以取得非凡成就的职业也许还没出现呢！了解能体现自己能力倾向的职业兴趣才是最重要的。因此，大学生应专注于专业课程内容本身，并结合自己的实际情况，最终做出真正适合自己的专业选择。

在整合自己的各种个性特征后，最理想的结果莫过于选择的职业是四个因素的结合点。然而，经过上述分析，我们或许已经发现，心理自我的几个方面经常存在冲突，我们往往会面临鱼和熊掌的两难选择。因此，解决冲突、寻求协调也是自我探索的一个重要目的，职业选择应从长计议。

兴趣对一个人的职业选择有很大影响，但并不意味着刚进入职场就要进入自己最感兴趣的工作领域。我们可以先选择一个与自己兴趣接近的领域，通过工作培养提高自己各方面的能力，然后在价值观的引领下选择合适的机会进入自己最感兴趣的领域。在我们的职业生涯中，对性格、兴趣、能力和价值观的全面整合，将使我们获得最大的成功。

每个人都有自己独特的性格、兴趣、能力和价值观，这些特性组合在一起使每个人都有自己的特点。性格、兴趣、价值观没有好坏之分，能力也体现在方方面面，很多认为自己没什么能力的学生通过课堂练习及分享，发现了自己的很多能力。只要能找到适合自己个性特点的职业，我们就能充分发挥自己的才能，因此，发现独特的自我是走向成功的前提。当然，自我认知不是一蹴而就的，需要将自我探索视为贯穿一生的课题，以完善自己的职业发展之路。

自我探索是大学生个人成长过程中非常重要的内容。刚刚进入大学、处于快速成长期的学生，对自己的性格、兴趣及能力的认知往往不是特别清晰，价值观尚未稳定，因此，唤醒他们进行自我探索的意识很重要。希望日常生活和学习中经历的事件，能够引发大学生对自身个性特征的思考与探索。此外，应结合一系列心理学研究成果，通过简单的测试、练习，全面地认知自我，并初步了解个性特征与不同职业的匹配情况。

练 习

我的性格类型：

____

我的兴趣类型：

____

我的能力：

____

我的职业价值观：

____

案例分析

高考志愿填报中常见误区辨析

每逢高考填报志愿，很多考生和家长都极度纠结，全家甚至亲朋好友一起上阵讨论多日也难以定夺。出现这种现象是因为大家普遍认为高考后填报志愿是决定考生一生事业方向的大事。事实上，高考志愿填报存在一定的盲目性：大多数考生及其家长是先看分数够得上哪些学校，再看这些学校的哪些专业好——所谓“好”，无外乎专业热门，或是属于重点学科。

然而，笔者在从事大学生职业生涯规划教学过程中，通过与学生的交流发现，在当前大学生毕业双向选择的机制下，绝大多数学生本科阶段读哪个专业远没有想象中那么重要，他们在大学期间的具体行动才是关键。

下面，我们从专业的角度分析填报志愿中常见的几个误区。

误区一：考生错将兴趣（单纯喜欢）当作职业兴趣（实际上适合）。

有不少明智的家长在填报志愿时会考虑孩子的兴趣。这里先讨论一下兴趣。

笔者一位大学同学的女儿今年高考，谈及志愿，同学说他女儿已选定医学专业，至于最终报考哪所学校，就看高考的发挥了。初中时，这个孩子很喜欢文学。后来，她读了很多文章，觉得研究文学不太可能取得特别大的成就，工作不好找，而医学就业好，于是很快就认定了这个专业。

然而，这个孩子选定医学是出于就业的考虑，而非真正的兴趣。年轻人有这样的志向是很值得鼓励的，但是如果职业兴趣无法支持自己选择的专业方向，很可能在未来的职业发展中壮志难酬。清华大学直博生刘立早的例子（前文有介绍）就说明了这一点。

刘立早大学退学后再度高考，虽然如愿被理想的专业录取，但由于其职业兴趣类型是研究、现实型，几年后从清华建筑学专业毕业后，他没能成为建筑设计师（职业兴趣类型为艺术、研究型），而是在建筑企业从事项目管理（职业兴趣类型为经营、现实型），还是颇有些遗憾的。

由此可以看出，你认为的自己的兴趣与你实际适合的职业之间存在差别。值得一提的是，刘立早第一次高考填报的生物医学工程、计算机与建筑学专业三个志愿对应的职业兴趣类型有显著的差异，他的三个选项其实是将匹配自己职业兴趣与专业的选择权交给了学校。这样的例子不胜枚举：北京航空航天大学经管学院每年录取的本科生中，不少人第一志愿是高等工程学院（北航录取分数最高的院系）及理学院（兴趣类型是现实、研究型）的专业，经管类专业对应的兴趣类型正好是霍兰德六边形模型的对角线（兴趣类型主要是经营、社会型）；有些学生在报考中国人民大学时，第一志愿是金融（兴趣类型主要是事务型），第二志愿是新闻（兴趣类型主要是创意型），两个专业是人大录取分数最高的，但其对应的兴趣类型也处于霍兰德六边形模型对角线的位置，只有少数人同时具有两种能力倾向。

谈到这里，有些考生及其家长也许会有些不以为然：学生的数理化成绩特别好，还参加省里的竞赛拿过奖，怎么就说兴趣不能算职业兴趣呢？

这里，笔者再举一位“三清团”（清华的本科、硕士、博士）同行朋友的例子。20 世纪 80 年代初，朋友作为山东考生以高分被清华大学某工科专业录取，一口气读了 11 年（本科 5 年），博士毕业才离开清华园。然而，博士毕业后，她直接进入了一家著名外企从事技术销售的工作，10 多年后成为另一家美国公司的中国区首席代表。用她的话说，毕业后再也不用碰那些专业书了，真是开心啊！

既然那么不喜欢自己的专业，这位朋友怎么还博士毕业了呢？这里只能简单地说：她是靠智商拿下清华三个学位的。她自己说，那么多门专业课，基本上都没学明白，但考试都通过了且分数不低。

事实上，学生的考试成绩并不能完全说明其职业兴趣与能力倾向。真正的兴趣体现在你从事某项活动时可以废寝忘食且很愉悦，取得好的成绩后非常有成就感而非松了口气。中学期间数理化成绩好，并不意味着大学选理工科就没有问题。其实，高中阶段的兴趣很大程度上来自成就动机。在成就动机的驱使下，学生也许会凭着较高的智商和刻苦努力取得好成绩，但这并不意味着你对这些课程真的有兴趣。

因此，你中学时的兴趣并不一定是你的职业兴趣，不必非报感兴趣的专业不可。

误区二：大学的专业就是高中时以为的专业。

需要提醒考生及其家长的第二点是：大学专业的内涵与人们印象中的差异可能很大。比如，工商管理专业基础课中有好几门与数学相关，不少同学因措手不及而感叹：“怎么回事？我选的是工商管理，高中也是文科生，不是数学专业啊！”其实，工商管理招生是文理兼收，虽在 30 年前归到文科招生，但近年来逐渐与西方接轨，对数理基础的要求很高。

那么，上大学该怎么选专业呢？

重申一个观点：大学选专业是挺重要的，但没有很多人想象的那么重要！对大部分学生而言，即便专业没选对，也不至于毁了前途。

首先分析选错专业后果较为严重的一种情况：有些从小学到高中一直优秀的学生第一次感到学习困难，甚至大学几年都被学习的压力笼罩，对自己的学习能力丧失了信心。

我们可以回顾一下文理分科时的情形：一些学生的文科课程学得非常好，甚至比理科还要出色，可家长及老师往往觉得理科未来的专业选择更宽泛，或者认为学理科更有前途。这些同学的职业兴趣很可能偏人文类，高中时却凭着智商和勤奋获得了数理化的优秀成绩。目前，我国的高中教育很少涉及科学实验，一些职业兴趣倾向偏研究型但实践能力弱的同学进入工科学习可能会感到很吃力。因此，这些同学在填报高考志愿时最好深入了解各专业的基础课，以免大学学习遭遇"滑铁卢"。比如，高中时数学学得不够明白的同学，选择财会专业需慎重，否则，学习的过程会很痛苦。

还要提醒诸位：高中只是文理分科，理科同学在高考填报志愿时还要面对理科、工科、医学及农学等多个大的门类。对于理科和工科的差异，有些学生及家长不是特别清楚。按照霍兰德职业兴趣理论分析，二者的差异非常明显：工科强调实践操作能力，倾向于将自己的想法付诸实践（霍兰德六边形模型中的现实型）；理科则强调逻辑思维能力，对解决实际问题的细节不会涉及太多（霍兰德六边形模型中的研究型）。很多高中没有给学生提供足够的机会做实验，使得学生的动手能力及对实践的兴趣难以体现。

因此，大学的专业可能不是你以为的样子，要以开放的心态了解各种专业。

误区三：上大学所学专业将决定你未来的职业。

无数人的经历证明：对未来的职业选择与事业发展而言，大学所学专业没有你想象的那么重要！2014 年 6 月，智联招聘网发布的应届生就业专业对口率较低的专业名单中，电子信息工程、生物工程、市场营销等热门专业赫然在列，应届毕业生就业的专业对口率不到 10%！然而，这并不意味着这些专业毕业生的就业率低。那些没有从事所学专业对应职业者，也可将所学专业知识应用于自己从事的职业中，甚至取得科班出身的同行难以达到的成就。类似的例子不胜枚举。著名学者周有光大学主修经济学，辅修语言学，毕业后在银行业工作多年，后来从事语言文字工作，成为拼音和简化字的大家，退休后又对经济政治都有研究。

鉴于高中阶段学生无法真正确定自己的职业兴趣，对大学专业的了解有限，再加上目前高考录取体制方面的一些限制，在高考填报志愿时选择一个适合自己的专业对很多人来说并不容易，不考虑自身特点地一味追捧热门专业、好专业更不可取。不过，大学阶段没有选对专业并不是多么严重的事情，因为将来还有弥补的机会。例如，大学期间转专业（学分制改革下更方便）、修双学位（主修某一专业的同时重修另一专业）、跨专业考研、毕业后选择自己感兴趣的领域就业等。

在无法确定自己的职业兴趣或有两种职业兴趣倾向时，在大学期间可以修主、辅两个专业，经过几年的学习、探索后再做选择。

大学所学专业决定不了你的终生，填报志愿时不必太患得患失。考生及其家长应放平心态，将填报志愿看作选择未来事业方向过程中的一个环节，而非最重要甚至唯一的机会。少了不必要的患得患失，可能会达到更好的效果。

当然，特别需要强调的是积极主动的心态！转专业、辅修第二学位、跨专业考研等，都需要额外付出大量的时间和精力。如果你只是被动地抱怨选错专业而没有任何行动，就只能接受被动的结果。不论最终选择什么专业，大学四年都应积极地采取行动，这才是最重要的。

拓展阅读

一个内向者如何与世界相处?
——认知自己的人格类型

你是乐观外向的还是悲观内向的？其实，大多数人并不是绝对的外向型或内向型，更多的是性格中某种成分多一点。

我承认自己是一个偏悲观内向的人，但这种向内而生的力量促使我感受到自己的棱角，也让我明白事物都有两面性，并冷静辩证地决定磨平哪些、保留哪些。这种心态上的成长更多地要归功于那些失败的、泪水浇灌的日子。因此，我想和大家分享一个内向者如何更好地与世界相处的一些思考与体会。

人们常说内向型性格不利于职业发展和社会交往，它常常与自卑胆怯、阴郁低沉、优柔寡断、悲观消极等词汇联系在一起，而与领导决策、理性辩证、风趣幽默、活泼开朗等相去甚远。因为不善表现、谨言慎行，内向者通常比外向者少了很多让别人认识、了解并信任自己的机会。因此，也有人认为，内向者应该孜孜不倦地在适合自己的地方激扬文字，而那些外向的人更适合指点江山主沉浮。

我想说，内向并不只有弊端。内向者往往谦虚谨慎、善于思考、沉静随和、目光长远。这里并不是要争论内向性格好还是不好，而是既然我们认识到了内向与外向各有利弊，何不充分汲取外向和内向的优点让自己变得更好?

可能有人会说，与生俱来的性格很难改变。有研究表明：18 岁以前是性格形成期，18 岁以后是性格完善期。但仔细想想，我们每时每刻都在改变，性格也在不断的变化当中，“与生俱来”只是一句笑谈。因此，该如何去改变、调和、平衡性格中的内外向比例就成了一个内向者毕生面临的课题。

刚进入大学时，我是一个非常自卑害羞、怯懦慌张的人，基本上只能进行一对一的交流，超过 3 个人就秒变哑巴。但我内心很羡慕那些谈笑风生、活泼热情的同学，他们是那样耀眼夺目。我很欣赏他们举止自然、落落大方，并在仰望中开始憧憬自己有朝一日也能飞上枝头。

我开始强迫自己参加各种需要站在中央向人群呼喊的活动，如辩论赛、演讲比赛、创业大赛等，并参加了学生会，担任班干部、党支部书记等，在犯了无数错、丢了无数人、受了无数挫之后，我终于生拉硬拽地把自己磨成了 360 度无死角的长城牌厚脸皮。我学会了用自嘲自黑化解尴尬，学会了如何与性格各异的人自如交谈并轻松掌握他们的笑点，学会了面对拒绝否定时奋力争取。虽然我依然无法在万众瞩目下闪耀光芒，但我很开心自己改变了。

我的行为虽然改变了，但一旦独处，在群体活动中消耗的热情与能量便会转化为负能量将我吞噬。越是朝外向型靠近，我越是感到焦虑、疲惫与困惑，性格也更是走向极端。大二时，我深刻意识到了自己内心对于内向型性格的需求，却无所适从。

那段时间，我频频向老师和辅导员求助。老师告诉我，要学会悦纳自己。经过不断的交流和反思，我逐渐找回了丢失的那部分自我。我不再把独处当作孤独的外衣，而是将其当作深入内心认知自我的契机与通道。在自省与沉淀的过程中，我开始接触一些心理学的书，帮助自己更好地与自己相处，更好地独立决断，构建自己的价值观体系。与此同时，我也发展了一些兴趣和爱好，了解了一些其他领域的知识，这让我在独处中获得了无尽的乐趣，变得更加从容和愉悦。我还克服了懒惰，坚持每天跑步，在增强体质的同时，也在运动中找到了乐趣。我变得更加理性镇定、成熟稳重。

当你学会与别人、与自己相处后，最难的便是如何以不变应万变，同时又要随机应变、变中求稳。这听起来像是个复杂的哲学问题，实际上就是两个字：选择。二进制的人生不会出错，却也不会太完美。在求索的路上，21 年的阅历不足以让我解释这个深奥的人生命题，因此，最后再跟大家分享一则感悟，那就是要多与优秀的人交流，他们的经历及思考问题的方式都将成为你打开新世界的金钥匙，尤其是我们的父母，在这个世界上我们可以毫无顾忌地信赖的人，和他们深入交流，我们不仅可以看到自己的过去、现在，也可以看到自己的未来。

第4章　大学一年级生涯规划

4.1　一年级的课程

一年级的课程如下：

公共教育课：思想道德修养与法律基础、马克思主义基本原理、大学英语、体育、国防教育、军训。

学科平台课：微积分。

素养教育课：自选。

专业教育课：政治经济学、管理学、统计学、初级会计学。

在一年级，一定要抓住高中英语的基础，努力提高自己的英语水平，争取通过四级、六级考试。同时，有考研规划的学生一定要努力学好数学。要对自己的专业有进一步的了解，如果学习能力强，建议选修第二学位。如果对自己的专业实在不感兴趣，且找到了自己的兴趣所在，也可考虑转专业，一年级是转专业的最佳时机。

4.2　一年级学习重点

一定要清楚，大学的评奖评优都是以综合测试成绩为标准的，具体来说，就是从“德、智、体、美、劳”五个维度打分，要取得好的综合测试成绩，必须全方位发展自己，读好书是最重要的，其次就是多拿奖。一年级应考取的证书主要是四级、六级英语证书，不仅要过，还要高分过，这在简历上是重要的加分项。初级会计师证书也应努力在一年级获得，虽然有一定难度。当然，还要争取奖学金（包括国家级、省级、校级），以及励志奖学金，还有企业赞助的各类奖学金，级别越高越好。

4.3 一年级应参加的赛事

一年级可以尝试一些大学生生涯规划大赛、“互联网+”大赛，以及科研项目的申报，培养自己的研究能力，积累参赛经验。例如，可以参加“东方财富杯”全国大学生金融精英挑战赛、ERP 沙盘模拟大赛、全国高校商业精英挑战赛、会计与商业管理案例竞赛等与专业相关的赛事。

4.4 一年级应培养的能力

新进校的大学生要有家国情怀，要热爱祖国、热爱党，积极向党组织递交入党申请书，在思想上要求进步。

积极参加学校、学院的团委、学生会和社团。通过应聘干事，参与学生管理工作，提升自己的工作能力。通过参加社团，可以结识志同道合的朋友。也可以竞聘班委，承担一些为班级服务的工作，锻炼自己与人交往和处理各种事务的能力。

在“迎新杯”篮球赛、迎新晚会、校运动会中，可以充分展示自己的文体才能，让大家发现你的“闪光点”。

通过承担学校、学院的各项工作，参与不同社团，与不同的人交流，可以使自己在学习和积累文化知识之外，增强社会活动能力，这会成为人生中的重要财富。

拓展阅读

大一，开始一场对自己的修行

——大二学长对 2021 级学弟学妹们说

原创　北航 CDP 大学生学业与生涯规划 2008　2021-09-13 07：20

卢翌晨，2020 级山东泰安地区考生，2020 年进入北航士嘉书院学习，大二就读于 1 系材料科学工程学院

各位 2021 级的学弟学妹好！首先热烈欢迎大家来到北航，开启未来人

生的新篇章。作为你们的大二学长，比起周围人对你们的恭喜和祝贺，我要给各位降降温，因为来到大学的你们，并非如他人所说“上大学，你就轻松了”。希望各位新生在入学之前，可以摆正对大学生活的态度。接下来，就让我以下面这句话开始我的分享吧：

“三年苦读换一朝金榜成名，四年修行致自己青春无悔。”

谁的青春，不曾迷茫

犹记得自己去年报志愿时的举棋不定，等录取通知时的辗转反侧。现在想来，当时的自己在面对人生中最重要的事情时，反应还是有些可爱与稚嫩的。那时的我，对未来充满了期待，但是在要做出选择时又有些迷茫。

犹记得那时的自己一心赴医，不愿沦为“俗流”去学计算机与金融等他人看来风光且稳妥的专业。但是，在报志愿截止日期的前一天，我在早已不记得的种种原因之下选择了北航。

因为我是两航类的新生，在到校之前，就已经对“沙航”有所耳闻，这样一所大学，从高德地图上看到的全景照片，树高三丈，周围处于兴建状态，心中不免有些失落。当我坐上迎新的大巴，风景在窗户中变换，大巴逐渐远离都市，在高速上奔驰，最终在沙航的门前停下。当看到沙航真实的周边环境之时，说实话，我的内心是充满后悔与无奈的，总觉得这不是我想象中985该有的样子……随后满满的课表，过于硬核的课程，被早八充斥的生活，都让我反思，当时的高考志愿填写是否真的正确……

慨叹过往亦是常态，把握现在才是突破

一位学长曾说：“在不清楚未来的时候，学好当下你所拥有的，后面你就绝对不会后悔。”

或许北航带给你的，少了些大学应该拥有的深沉与深厚的历史底蕴，但是它带给你的绝不缺乏治学严谨的学习氛围，以及科研突破的无限生机。在这种天然的学习环境中，你会在点点滴滴中自然而然地找到你要奔赴的方向。

4号教学楼201窗口的缕缕微风和条条竹叶，5号教学楼205的三角板的碰撞声，3号教学楼教授们的硬核板书……这些不起眼的生活剪影，都透露着“治学”二字在北航的分量。所以，初到北航的你，如果觉得时间从身边偷偷溜走，抬头不知去向，不如就背上书包，毕竟图书馆的书籍还在等你捧起翻阅，教学楼空教室的寂寞也需要你去赶走。

就是在这样简单而充实的生活里，你对北航的印象会从四个生硬的字母“BUAA”，到逐渐去了解那错综复杂的教学楼，慢慢接触这宏大的国家实验室，你也会知道北航食堂三楼“yyds”。

这个年龄段的我们，很多时候骨子里会有一股“不妥协”的硬气，希望坚定自己的方向。但是，随着社会的不断发展与变化，有些想法终究背离大的浪潮与形势，当时你认可的，或许现在看来是不合理的。对当时的我而言，也是如此。不过幸运的是，我知道北航对我而言虽不是最优选项，但是它绝对是一个让我感觉自己不差的选项。

常言道，“既来之，则安之”，我们中间有许多“清北落榜生”，与其每天郁郁不乐，不如随遇而安，不将时间蹉跎，不负青春。当然，如果你是奋力而来、梦想终成的小伙伴，在这里送你一朵小红花，但是也不要完全松懈哦！打起精神，请继续以饱满的精神面对接下来的考验与艰辛。

寒窗苦读已三年，现陌上花开，出来走走可好?

我们大都看过凌晨五点的高中校园，见过凌晨一点窗外的月亮。这样的寒窗苦读可能是每位985学子的常态化回忆。但是，北航作为一所大学，不再有单调的刷题日常，也不会有快节奏的紧张生活。只要你想，北航的大学生活会有你想象不到的快乐与充实。

那些使你眼花缭乱的社团活动，会让你的爱好与潜能被激发。多样的学生活动，会直接拉满你的技能点，拓展你的交友圈，运气好的话，或许会在任务中收获甜甜的恋爱哦。当然，将自己浸没于各种实验器材与数据，在实验室中证明和探索真理，将想法转化为现实，直面失败与成功，对于一个名副其实的工科生展开自己的科研生涯，也是一个不错的选择，而大学带给你的远不止这些。

特色活动

说说我自己吧。在大一时，我担任了大班委、书院文艺部干事、书院运动会队长等职务，在自己的争取和努力下，目前担任书院文艺部部长一职。我在以往的学生工作中实现了自我价值，也收获了对集体的归属感。值得一提的是，也是在这个过程中，我收获了一份甜蜜的感情。

多彩的大学生活源于多样的价值评判标准。我们也会有北航专属的KPI（关键绩效指标）。这并不是说大学的缤纷多彩是课余时光的休憩，而是这样的缤纷多彩是我们作为大学生的一种任务和追求。我时常在想，这或许也是与社会接轨的一种重要方式。我们在大学中接受的文化、生活方式，以及价值观的大杂烩，让我们未来可以对社会万象有更多的包容、更多的理解，积累更多的经验，从而在步入社会时不会感到惊慌失措。

在此，奉劝各位学弟学妹，寒窗苦读已三年，现陌上花开，出来走走吧！步入大学，早已没有了三点一线的生活轨迹，也不再有题海中的沉浮，放下手机与电脑，换上喜欢的衣服，穿上心爱的鞋子，多去了解周围的人与物，去了解北航所拥有的以及思考你所能运用的。待到一年之末，翻出经历的点点滴滴，那时的你心中会满怀对北航的感激与对自我实现的满足，那时的你心中会不自觉地冒出一句："原来我这么牛呢！（骄傲）"

卷还是不卷，这是个问题

诚实地讲，我大一时的每个夜晚，睡觉之前的焦虑多多少少都会跟卷有关。很多时候，即使你想明白了卷的本质与原因，但是在看到舍友一天都泡在图书馆或者自习室时，看着眼前的游戏，心中还是有些慌乱的。

尽管多说无用，学长还是想再跟你们唠叨几句。这里就不多谈内卷了，建议直接百度、知乎逛一逛，我更想跟你们说的是北航学习生活的正确打开方式。

卷与不卷，对北航学子来说，其实本身就不是个问题。各位高分入校的同学，在学习领域都是佼佼者，什么是有效的学习，什么是无用的，我想各位心里都清楚。那么为什么我们在入学之后还是在这个问题上犹豫与迷茫呢？从我的角度来看，这是因为大学的新型学习方式和全新的知识架构。大学老师与学生相处的时间相比高中大幅缩短，答疑解惑的时间较为固定且珍贵，而上课的节奏又非常快，所学知识需要的课下消化时间较多。固定的自习时间突然消失，一切都由自己安排与规划，这可能会让刚步入大学的你们有点蒙。

对于学习规划与方法，因为个体差异，我就不赘述了，我自身的学习方法呢，对你们可能也不一定适用，我就简单说几点自己的心得吧！

（1）认真与内卷有本质上的区别！

（2）弄清具体事件对你的价值。如果一件事周边人都在卷，那大概率它对你有高价值，需要你积极争取。

（3）跟别人卷，无穷无尽；跟自己卷，收获满满。

(4) 千万别在宿舍卷，否则下场会很惨（亲试所得）。

随波逐流的顺其自然，不如有备而来的特立独行

众所周知，大类招生一直是北航在中国高等教育界的特色招牌，多样的专业，一年的缓冲期，都是这个制度带给北航新生得天独厚的优势。但是，对一名大二的老生来说，这既是机遇，也是某种意义上的trap（陷阱）。我所接触的众多学长中，很多人在一年的学习中不注重对专业的了解，在自认为的顺其自然中选择了大家趋之若鹜的专业，但是过上了自己并不喜欢的甚至可以称为痛苦的生活。

我当时选择了“四大天坑”中的材料科学与工程专业，这个专业偏向于基础科学，而我在学业规划课上的MBTI人格测试结果是ENTJ、职业兴趣类型是ASE型，貌似跟科研没什么关系。原本我确实不太应该选择硬核科研的这个专业，我也不是那种可以安心坐冷板凳的人，但是，当我对材料学院有了完整的了解之后，我看到了材料学院优秀的学生组织、丰富的实践活动，这让我知道自己在未来可以有大展拳脚的舞台，我也许可以充分发挥我的leader（领导）才能，通过完成大型活动获得无与伦比的成就感。

当然，学生工作并不是让我选择材料学院的根本原因。我从大一入学开始，就选择了材料学院的导学老师，申请了有关材料研究的大学生创新项目，并积极参与各学院的宣讲活动，研究材料学院的师资力量和本科生培养方案。正是因为有备而来，我在专业选择中看似“特立独行”。人们常说“兴趣是最好的老师”，但是结合实际，先思后行更加重要。我只不过是十分幸运的一批人中的一员，我喜欢的恰巧是十分适合我的。也希望你们在随后一年的学习中，能逐渐找到自己的方向。

对于“大学生职业生涯规划”这门通识课，我希望各位新生，不要水！不要水！不要水！（重要的事情说三遍，当然，估计你们也没机会水）课堂上的每一分钟，对当时的我而言，都弥足珍贵。

这个课程不会帮你规划未来，但它会让你更全面地了解自己，并且结合一些专业的理论去认识这个世界。在这个过程中，请你主动思考你未来的学业，以及你人生的方向。

以上观点有待商榷，而你们的实践便是对其最好的证明，或是推翻它最有力的证据。

无论如何，希望我的分享对各位有所启发与帮助吧。道阻且长，望君且行且珍惜。四年之路，修身亦修心。希望各位学弟学妹都能拥有一个大学生活的美好开端，我在北航等你们！

恭喜你们即将开启精彩的大学生活！

教师点评

翌晨是一类典型的北航学子：之前有其他志向，“在报志愿截止日期的前一天，我在早已不记得的种种原因之下选择了北航”。

这里首先想说明的是：这很正常！近年来，脑科学家的研究表明：决定人理性思维的前额叶到25岁才真正长成。这意味着正常人25岁以后才具备理性决策的能力。因此，大学期间推翻自己之前的决策（报考专业选择）并不能说明自己不能坚守理想。这一决定如果是在独立思考与行动验证的前提下做出的，反而是成熟的一种表现。

翌晨在文中坦诚地分享了自己的“专业反水”，以及刚到学校时对北航的失望，但更多的是自己的思考与行动：“在这样简单而充实的生活里，你对北航的印象会从四个生硬的字母‘BUAA’，到逐渐去了解那错综复杂的教学楼，慢慢接触这宏大的国家实验室，你也会知道北航食堂三楼‘yyds’。”

翌晨用行动体验了“多彩的大学生活源于多样的价值评判标准”，通过一年的积极行动，大一结束时“翻出经历的点点滴滴”“心中会满怀对北航的感激与对自我实现的满足”。

希望正在阅读此文的你，一年后也能够有此感激与满足！

第5章　大学二年级生涯规划

5.1　二年级的课程

二年级的课程如下：

公共教育课：中国近代史纲要、大学英语、体育。

学科平台课：马克思主义民族理论与政策、线性代数、概率论与数理统计。

素养教育课：自选。

专业教育课：微观经济学、宏观经济学、中级财务会计、经济法、税法、货币银行学、经济应用文写作。

在二年级，大家开始接触专业课程，一定要努力学习，为以后就业打下坚实的专业基础。线性代数、概率论与数理统计这两门数学课一定要学好，为考研做准备。

5.2　二年级学习重点

二年级应考取的证书：六级英语没过的，必须在二年级考过；初级会计师证书在一年级没有考下来的，二年级必须考下来。同时，可以考考计算机等级证书、普通话等级证书等。奖学金是每年评定的，在二年级要继续努力，争取更高级别的奖学金。

5.3 二年级应参加的赛事

在二年级，应继续参加大学生生涯规划大赛、“互联网+”大赛，以及科研项目的申报，提升自己的研究能力，积累参赛经验。继续参加“东方财富杯”全国大学生金融精英挑战赛、ERP 沙盘模拟大赛、全国高校商业精英挑战赛会计与商业管理案例竞赛等和专业相关的赛事，取得高一级别的奖项。通过两年的参与，不断增加自己的参赛经验。

5.4 二年级应培养的能力

积极参加学校、学院的团委、学生会和社团，可以承担一些部门负责人的工作，你会发现，工作中独当一面的难度远比干事大，看问题的站位也会更高。

参与一些与专业相关的实习活动，比如，到会计师事务所、代账公司、财务部门真正接触一下本专业的工作，你会发现校园生活是多么美好，工作远比你想象的辛苦。

通过参与以上工作，你的组织、协调能力会大幅提高。

拓展阅读

与优秀的师生共奋进，同良好的心态做朋友

——大二学长对学弟学妹们说

原创　北航 CDP 大学生学业与生涯规划 2008　2021-10-15 07：57

学弟学妹们好，我是陈尉珂，2020 级冯如书院学生，现就读于 14 系可靠性与系统工程学院。非常荣幸与大家分享我的大一生活心得，希望能给学弟学妹们提供一些帮助。

我有四词，藏之久矣，以备君不时之需——尝试、高效、沟通、健康。

大胆尝试，遇见崭新的自己

大学与高中的最大不同，在于没有了高考这个唯一目标，没有了上中学时家长、老师每时每刻的叮嘱和关注，虽然学业压力也很大，但是多了许多可以自由支配的时间。所以，大家高中的时候被压抑的天性到大学可以完美地释放出来啦！想做的事情，可以大胆地去尝试，大学里试错成本是很低的。

想学乐器，想发展一门运动特长，想当一名学生干部，或者想谈一场恋爱，都是可以大胆选择大胆尝试的。大学有非常多的社团，也有耐心手把手教学的学长学姐、很多热心的同学和老师，只要放开胆子去做，没有什么是不行的（当然，违纪违规的不行，嘿嘿）。

我自己由于身体因素（周末治疗牙齿）和没有分配好学习时间（选修课过多)，大一很少参加社团活动和学生工作，感觉很遗憾。

高效做事，合理安排时间

在大学，所有优秀的学生都有一个共同的特质：效率高。高效是精力集中的表现，而高效地做事不仅能保证事情完成度高，也能让你腾出更多的时间去做自己喜欢的事情。我的同学A，总是拉着我们打游戏，但是成绩偏偏非常好，他的秘诀就是上课抢占前排座位认真听讲绝不走神，下课高质量完成作业，之后才与我们一起玩游戏。

高效学习，是令大学生活更加轻松快乐的必要条件。大学生的本分是学习，在北航这个学风优良、大家都非常认真的地方，学习更是不能马虎。学习成绩也与自己的专业选择挂钩，所以认真学习也是对自己的专业和未来负责。而要想达到好的学习效果，高效学习是最最重要的。上课时老师的讲课速度会远超高中，知识的复习和预习完全由自己安排，老师不会特意叮嘱。因此，在课堂上需要打起十二分的精神，跟上老师的进度。可能老师会讲得很快，你无法将课堂内容全部吸收，那也要尽最大可能跟上，这样课下复习时所需时间与精力才会少一些，也才能有更多的时间做自己喜欢的事。比如数分课，我们曾经开玩笑：笔掉在地上之后，捡笔的时间没听讲，之后老师讲的可能就再也听不懂了。

做作业时，最好先独立完成，再根据老师或者习题册给的答案进行订正，并与同学和老师探讨不理解的地方，这样知识就会很扎实地留在我们的头脑中。期末考试前的复习，也可以从平时的错题开始，结合往年题目，让自己面对考试不那么紧张。

手机的诱惑——高效学习的最大敌人。上课时，在手机上回一条消息，老师可能就把一个重要的知识点讲完了，之后的课可能就听不懂了。写作业时，写着写着无聊了，玩一玩手机，听听歌，看看评论，一个小时可能就只写了一道题。因此，我们学校有的班级推出了专门自习室，有专门的手机收纳袋，督促大家学习时不看手机。平时自习的时候，也尽量不要看手机，锻炼一下自控力。

对于各种大作业，许多人都是压着deadline（最后期限）提交的，但是这样其实非常不好，容易形成严重的拖延症。因此，当任务布置下来的时候，一定要在第一时间完成。很多同学都是在提交日前一天晚上才开始动工，这样的作品质量如何可想而知。

友善沟通，构建和谐人际关系

大家是从天南海北来的，生活习惯、成长环境都不同，可以遇到各种各样有趣的人，其中自然也会有自己喜欢的、相处愉快的人。与同学相处时，可能会有小摩擦、小矛盾，或者不满意的地方，可以通过友善的沟通解决。

人际关系很重要，可以让你在大学生活中有更多互帮互助的伙伴。而且，大学的信息非常多，很多好的机会错过了都是因为信息不畅通，而好的人际关系可以为你带来更多信息。除了同学外，老师、导员、学长学姐，都是非常和善的，经常与他们交流，一定会有很多收获。

比如，大一新生会有梦拓活动，是由大二学长带大一学生。我和我的梦拓学长关系就非常好，除了节日互相问候之外，我平时有什么生活与学习上的问题都会问他，学长也会和我分享他的学习资料，如C语言我就是按学长整理的资料学习的，达到了很好的效果。

不过，处理人际关系也不必过于世故，或者刻意去委屈自己讨好别人。礼貌的举止是自我的修养，遇到跟自己合不来的人，相处得不舒服，也可以选择避开。

大学老师与高中老师不同，他们不会时时刻刻盯着你的学习，因此如果有头疼的问题，一定要主动联系老师。我们学校还分配了导师，学生选择导师之后，导师会和学生交流，为他们解惑。我的导师还带我参观了他的实验室，非常有趣！如果要参加各种竞赛，也可以联系老师做导师，为你提供指导。

大学生职业生涯规划这门课的老师会和大家交流讨论，帮助大家了解自己的职业兴趣、职业价值因子，进而做出更清晰的学习生活规划。我也选了大学生职业生涯规划这门选修课，通过课上小组讨论、课下与老师交流，我对自己的大学生涯做好了规划并在慢慢努力施行，可以说，这门课让我受益匪浅。

健康生活，保持良好的心态

最后，也是最重要的，我想跟学弟学妹们分享的是：一定要保持乐观的心态和健康的身体。大家都是全国各地高考考过同省99.7%的学生来到北航的，平时在高中很多都是优秀的第一名、第二名，但是在这里，高手云集，很多同学在与优秀同学进行比较的过程中产生了落差感，不过不要灰心丧气，大学的出路很多，找到适合自己的那条就好。适当锻炼，适当休息和玩耍，保持身心健康才是最重要的！

最后的最后，给学弟学妹们分享一下我专业分流的思路：我本人是在大一上学期选修了大学生职业生涯规划这门课，认识到自己的兴趣，然后在整个大一努力学习必修课，为专业分流奠定了较好的基础，并在大一下学期听取每个专业学院的讲座，咨询梦拓学长学姐，最后结合自己的兴趣选择了专业。

希望学弟学妹能在北航发展兴趣，大胆尝试，勤奋学习，遇见更优秀的自己！

教师点评

2020级大学生经历了新冠疫情的考验，而尉珂恰恰来自抗疫一线城市——武汉。

进入大学后，面对多样的专业选择以及未来职业道路的选择，尉珂也感到十分迷茫。于是，他选择了大学生职业生涯规划课。结课后，他这样说：“学习生涯规划，并在半年的摸索中有了比较坚定的目标。在经过学习与思考后，我更深刻地认识了自我的人格类型与职业兴趣，并且坚定了自己做理工科科研的道路目标。”

又是半年过去了。尉珂进入了理想的学院，并选择了感兴趣的专业。回顾大一的生活，他觉得有些遗憾，比如，未能进入自己心爱的社团，有段时间未能抵御手机的诱惑……

尉珂的文章有着典型北航“理工男”的朴实文风，相信能够引发“人以群分”的那批2021级萌新的共鸣：已经看到学长曾经踏入的“坑”了，那就尽量避开吧。

第6章　大学三年级生涯规划

6.1　三年级的课程

三年级的课程如下：

公共教育课：毛泽东思想和中国特色社会主义理论体系概述、形势与政策。

学科平台课：就业指导、创新创业。

素养教育课：自选。

专业教育课：财务管理、高级财务会计、成本会计、管理会计、审计学、会计信息系统、资产评估、政府与非营利组织会计、会计理论。

在三年级，大家开始大量接触专业课程，学业非常紧张。学好专业课可以为以后就业打下坚实的理论基础，如果已有实习经历，你会对书本上的知识有更加深刻的理解。

6.2　三年级学习重点

到了三年级，考取证书已不是学习的重点，应该把精力放到考研和考公上，或者择其一而尽全力。

在三年级，要参加一些校园招聘会，考研动员宣讲会，以及简历设计大赛、模拟招聘大赛等。

当然，还要争取奖学金，重点是要取得高级别的奖学金。

6.3　三年级应参加的赛事

自己组队参加大学生生涯规划大赛、“互联网+”大赛，以及科研项目的申报，培养研究能力，积累参赛经验。继续参加“东方财富杯”全国大学生金融精英挑战赛、ERP 沙盘模拟大赛、全国高校商业精英挑战赛、会计与商业管理案例竞赛等和专业相关的赛事。在一次次比赛中，你扮演的角色变化了，你的收获也会有所不同。

6.4　三年级应培养的能力

经过两年多的发展，三年级的学生应该已经成为党员，应积极参加学院党支部的相关工作，那些优秀的同学应该成了支部委员培养人，要认真履行支部委员培养人的各项职能。你会发现，党建工作的规定较多、程序严谨，稍不注意就会犯错。通过参与党建工作，可以养成严谨、细心的习惯。任何单位都有党建工作，如果毕业后到单位从事的就是党建工作，那么这段工作经历或许会成为你的“竞争力”。

在三年级，一定不要忘记参加一些与专业相关的实习，如去事务所、代账公司或单位财会部门实习，要通过实习进一步夯实专业基础，明确求职方向。

实习，备考研究生、公务员，再加上很多的专业课，你的大三生活会相当忙碌。

人物访谈

京东实习体验

——经管学院大四学长的实习经验分享

人物介绍

曹泽鸿：经管学院大四学生，工业工程专业。曾获得学习优秀奖学金一等奖、国家奖学金，连续两年获评校级优秀生。积极参加学科竞赛和科研活动，曾在清华 IE 工业工程应用案例大赛中获奖，打破了经管学院在该项竞赛上的“得分荒”局面。曾在京东集团“京锐夏令营”实习。

关于京东

“京锐夏令营”是京东集团基于前瞻性规划打造的未来人才储备池，学生通过严格的选拔才能加入。该项目为营员提供高质量的为期 8 周的实习，同时，营员参与基于实战场景的竞赛挑战，获得核心业务的深度体验。成为公司管培生 TET、博士管培生 DMT、新星计划 JD STAR 人才项目的前置储备池人才，可为京东输送面向未来的精锐。

访谈过程

1 月 16 日下午 3 点，经管学院的“我见小城—企航实践队”通过腾讯会议的方式对曹泽鸿进行了采访。

问题访谈

问：能简单介绍一下您在京东实习时所从事的工作吗？简单描述一下您实习工作中典型的一天。

答：我在京东实习是在 2021 年的暑假。我在京东物流网络规划组实习，主要工作是针对“双 11”高端美妆做库内设计。每周一比较忙，工作时间是早 9 点到晚 6 点。早上 10 点前整理工作，然后开工作会议确定这周目标。下午 1 点半，整理表格，摸排仓库的仓容、零售的需求并做一个测算，五六点钟吃饭。

问：为什么选择去京东实习呢？你认为京东与其他互联网公司有什么区别？它的优势在哪？

答：是一个很偶然的机会。2021 年 4 月，京东第一次来做宣讲，大部分经管学院的学生都参加了。其中提到了京东的项目，如夏令营，可以进行生产实习。我认为这是一次锻炼自己的机会。京东主要有四个板块：零售，物流，健康，京东科技。论业务布局，排除阿里巴巴的话，京东是一个业务很全的电商企业，客户范围更广，不过京东给的钱少一些。

问：从实习经历来看，您认为当前毕业生就业存在的主要问题是什么？

答：最普遍的问题是不太清楚自己想干什么，无效率地内卷，处于一种没有目的和效率的逼迫式的状态，不太清楚自己到底适合什么，或者做了一段时间发现不太喜欢，会走一些弯路。

问：您以后想在哪里就业？目前许多大学生在面对求职困难时选择去小城镇、乡镇单位就业，您对这种现象有什么看法？

答：目前还是想要留在一线城市试一试，当然，还要继续读书，选择可能会变。

不能说鼓励，但这种现象比较好，在基层工作很重要，会有比同龄人更丰富的经验，扎实的经验对一个人未来的发展有很大帮助。

问：您觉得您在求职过程中，最具竞争力的方面是什么？用人单位在招聘时最看重的又是什么呢？

答：学校的学科背景是一种无形的助力，还有沟通交流和合作能力。我做过很多学生工作，这些工作对未来的发展很有帮助。用人单位很看重应聘者的专业知识及所掌握的技能，一定要学好专业知识。

问：您对这段实习经历满意吗？为什么？

答：挺满意的。它提供了很多的新手帮助，我在很多时间处于学习的状态。具体到某一项业务方面，它提供了范围比较宽裕的工作。

问：您觉得您实习时的工作与自己的专业是否对口？如果不完全匹配的话，您觉得学过的哪些专业知识会比较有帮助？对于那些未接触过的领域，您将采用什么方式进一步学习？

答：不完全匹配。落实到具体专业，物流管理更对口。专业方面的知识，在仓库生产线改造时会用到，如设计方面的专业知识。未接触过的领域，一般是边干边学，在干中学。

问：您觉得实习对您的最大挑战是什么？从实习开始到现在，您取得了什么进步？公司有没有采取什么措施帮助员工成长？

答：进入新环境，一下子节奏不一样，我觉得挑战还是挺大的。参加实习，教学相长，有机会将专业知识应用到工作当中，这对我来说是一个很大的进步。公司比较关注新入职的员工，举办了一些业务方面的讲座，也采取了一些措施，如公司副总裁讲述公司运作模式和发展历程等，让员工对公司有更加深入的了解，帮助我们成长。

问：为了毕业后能够找到更好的工作，您在大学做了哪些准备？

答：我做了比较多的学生工作。做过致真学生会外联干事，大二时担任班长，这期间收获了很多朋友，克服了很多困难，也磨炼了自己的意志。大三时担任实践部主任，负责策划工作。大四时担任兼职辅导员，负责过经管学院学生会的工作。

问：您认为您所学专业与互联网行业的关系如何？同时，您认为性别不同对从事互联网行业有影响吗？

答：我的专业是工业工程，和国内国情联系比较密切。例如，“十四五”规划注重制造业发展，与本专业有一定的联系。在全球范围内，互联网企业的女性职员比例偏低，但女性进入职场的难度和限制在不断降低和减少，她们在慢慢承担起一些很重要的工作。

个人建议

以下是给学弟学妹实习或就业方面的一些意见和建议，是我在总结实习经验后的肺腑之言哦~

两个角度。首先，大部分人还没有到这个阶段，一定要加强自己在专业课方面的学习，打好基础。其次，到了实习的时候，要明确自己感兴趣的行业是什么，思考自己在工作领域有什么突出优势，弥补不足，补齐短板，多和同事交流，以尽可能多地获取经验和帮助。

行远自迩，笃行不怠。2022 年，愿我们同舟共济，在实践中丰富自我，履行所学。

教师点评

曹泽鸿同学能够参加“京锐夏令营”的实习，是从 1 万多人的选拔中脱颖而出的。他能够入选，从分享中我们可以了解，是因为他在大学期间打下了良好的专业基础，他的学生工作经历也起到了非常关键的作用。在这个过程中，他不断收集职场信息、不断学习、不断行动、不断拓展自己的支持系统，非常值得我们借鉴，相信一定能给很多同学启发。这里也提醒同学们，及时关注信息，尽早着手做准备。

第7章 大学四年级生涯规划

7.1 四年级的课程

四年级的课程：

公共教育课：无。

学科平台课：无。

素养教育课：自选。

专业教育课：管理沟通、会计综合模拟实验、会计伦理与会计职业道德、会计报表分析、会计英语。

综合实践课：实习、毕业论文。

到了大四，学业压力并没有多大，你的压力主要来源于考研考公、毕业论文和就业。这时候还有一个实习，这是决定你就业的实习，一定要高度重视。

7.2 四年级学习重点

完成近3个月的实习后，就要将大量精力用于备考研究生、公务员和参加校园招聘会，以便顺利就业。如果有参军报国的志向，可以具体了解应征入伍的要求，在四年级选择参军。如果能达到选调生条件，可以考虑选调；还有西部计划、“三支一扶”等项目，一定要及时关注老师提供的就业信息。

大四还有一项重要内容就是毕业论文，这和以前的应试学习完全不同，需要你主动研究，主动与导师沟通，自己去确定研究方向，在大量阅读文献的基础上确定选题，深入展开研究，合理安排时间，做好各阶段的工作。大家要高度重视毕业论文的撰写，这可以为你以后的研究打下基础，好好努力，或许还能评个优秀毕业论文。

四年级要争取通过综测取得推免资格。每一年会计学院有10余人的推免名额，各个专业综测排名靠前的同学自行申报后，通过面试即可获得。如果获得了推免资格，下一步你要做的就是把自己推荐到更好的大学，目前来看，会计学院推免的同学基本上都到了更好的学校。要注意的是，有的是通过参加夏令营，有的是通过申请，不同的大学有不同的选拔方式，你要关注心仪学校的官网。

大学四年级的时候，不仅要拿到高级别的奖学金，还要争取获得优秀毕业生称号。

7.3　四年级应参加的赛事

在四年级，应参加简历大赛、模拟招聘大赛、面试大赛等与就业相关的赛事，不断提高自己面试的能力，以便更好地应对求职中的各种情形。

7.4　四年级应培养的能力

通过3个月的实习，学生可以进一步明确自己的生涯方向。如果选择继续深造，就要做好背水一战的准备。每一个考研人都很努力，而当前的形势是400多万人报名，上岸100万，落榜300多万。财会类专业考研率较低。考公务员也是千军万马过独木桥，每一年会计学院毕业生有500~800人，仅10来人考上，且多集中在税务部门。财会专业集中就业的还有银行系统，多是基层支行或者小银行，也是通过考试的方式进入的。毕业季校园招聘会很多，一般参加的是国企和民企，你要对这些类型的单位有一定的了解，尽可能签下相对心仪的单位。

就业是大四的重中之重，高质量就业包括升学、考公、考编等。如果你在这四年中做好了准备，那高质量的就业就是升学，进入研究生阶段学习，可以选择成为专业硕士、学术硕士。

如果你通过了国考、省考或事业单位考试，你就可以进入相对稳定的体制内，也属于高质量就业。

银行系统，还有其他国企或者民营企业，一般通过考试或直接面试等方式选拔人才。

信息的来源主要是学院发布、官网发布、校园招聘会等。你要做的就是准备好简历。在制作简历时，应充分考虑各岗位需要哪些能力，尽可能做到一个岗位制作一份，这样简历的针对性会更强，成功的概率也会更大。多数同学没有获得更多的资格证书及奖项，所以在简历中没有相关证书等硬货。如果你在简历中展示了自己较高的绩点、相关的证书和实习经历，那你一定能轻松进入面试；如果你的简历就是苍白的一张纸，没有任何亮点，那肯定不好找工作。

下面是会计学院两位同学的升学案例，希望对有意升学的同学有所帮助。

升学案例

案例1　点亮职业生涯前行灯，共筑优秀学子升学梦

就业是最大的民生，也是党中央、国务院高度重视和关心的领域。解决好高校毕业生这一重点群体的就业问题，支持、帮助青年学子迈好走向社会的第一步，总书记始终挂念心间。当前和今后一个时期，国际环境复杂多变，国内经济恢复的基础尚不牢固，经济社会发展不稳定，不确定因素逐渐增多，人口老龄化、产业智能化、就业多元化等影响叠加，使促进高质量充分就业的任务显得异常艰巨且繁重。作为高校辅导员，要坚持以习近平新时代中国特色社会主义思想为指导，全面贯彻党的二十大精神，遵循有层次、有侧重和循序渐进的原则，根据学生的年龄、性别、学科特点、培养模式、现实因素等进行个性化职业生涯规划与就业创业指导，积极帮助学生认清就业、升学形势，进行清晰的自我定位，明确目标，提升专业素养和综合能力，实现人生梦想。

一、案例背景

2022 年 11 月 15 日，教育部、人力资源和社会保障部召开的 2023 届

全国普通高校毕业生就业创业工作网络视频会议指出，2023 届高校毕业生规模预计 1158 万人，同比增加 82 万人。另外，2023 年全国硕士研究生报名人数继续小幅攀升，达到 474 万人，比上一年仅增长 17 万人，和上一年 21%的增长比例相比，增长率将大幅下挫，远远低于民间预估，表明考生报考日趋理性。本文拟通过学校会计专业优秀学生成功升学案例，探讨作为高校辅导员，面对大学生就业迷茫、升学困顿等问题，该如何做好职业生涯规划与就业创业指导工作。

二、案例概述

周同学，女，2020 级会计学专业本科生，在校期间成绩优异，思想上积极向上，政治坚定，积极加入党组织，曾担任校青年志愿者协会实践部干事、院学生会学习组干事、院新闻部副部长、学习委员等职务，课余时间积极参加各类创新创业项目、比赛及夏令营等。进入大三，该生找到辅导员老师，了解了 2023 年学校的保研政策，并积极参加学院组织的考研、保研经验分享会，备受鼓舞，有了更加清晰的目标与方向。周同学在大四时参加了广东外语外贸大学、南京财经大学、北京工商大学、安徽大学、江苏大学等的预推免面试，顺利拿到了多所学校的硕士研究生拟录取通知，在老师的指导和帮助下，经过综合考虑，最终选择到广东外语外贸大学攻读会计学硕士学位。

三、工作目标与思路

此案例反映的是高校大学生职业生涯规划方面的问题。该案例处理的关键点，一是帮助周同学客观、准确认识自我，结合现实需求、个人情况、专业特点等，做好职业生涯规划；二是提供升学资源和信息，组织升学技能培训和讲座、经验分享会等，帮助学生选择适合自己的目标院校。

四、实施方法与过程

（一）早谋划，打好组合拳

一是辅导员通过新生入学教育、主题班会、年级大会、一对一谈心谈话等方式，向周同学介绍会计学专业的特点、专业发展方向、就业与升学情况等，引导周同学在学好本专业相关知识的同时，注重提升自身综合素质，在探索中增强职业生涯规划的意识，明晰自己未来的方向。二是加强班级学风建设，组建互助学习小组，定期交流学习心得，培养学生良好的学习习惯。三是引导周同学积极参加全国大学生 ERP 沙盘模拟企业经营大赛、

MPAcc 学生案例大赛、中国国际“互联网+”大学生创新创业大赛等活动。

（二）强联动，照亮前行路

大三学年伊始，辅导员在开展学生就业、创业、升学、出国等调研工作时了解到，周同学在校期间成绩优异，综合素质良好，符合保研要求，且本人对攻读硕士研究生比较感兴趣，家里也支持。针对周同学的情况，辅导员做了以下个性化指导与服务。

一是邀请校内外专家为学生开展就业及升学类的讲座，讲解当前及未来的就业环境，以及保研、考研政策，指导学生根据政策环境以及个人的学情等具体情况，做好保研、考研院校定位，选择合适的目标。二是与学院相关负责人共同为学生搭建各种升学交流平台，举办保研、考研经验交流会，邀请已升学的学长学姐传授学习、择校、报考等方面经验。三是联合学院任课老师及其他相关老师，向周同学推荐并指导周同学参加浙江工商大学会计学院 2022 年优秀大学生暑期夏令营活动，同时，多渠道向周同学分享与讲解预推免相关信息，全过程支持和帮助周同学。四是以同目标院校、班级、专业为单位，建立考研学习小组，交流升学信息和资料，让“研友”相伴，互相鼓励，增强信心，同时，辅导员通过走访宿舍、自习室等方式了解情况，采取线上线下相结合的方式与周同学谈心谈话，帮助其消化不良情绪、解决实际问题。五是周同学在参加广东外语外贸大学、南京财经大学、北京工商大学、安徽大学、江苏大学等高校预推免面试后，收到多家高校硕士研究生拟录取通知，结合该生的实际情况，辅导员、任课老师、学院领导为其开展逐一分析与指导，最终，周同学顺利成为广东外语外贸大学会计学专业硕士研究生。

五、工作成效及取得的经验

（一）工作成效

对周同学的一对一精准帮扶，对学院的发展起到了积极的作用。一是助力周同学实现了升学梦想，解决了优秀学生职业生涯困顿问题；二是起到了传帮带的作用，吸引 2021 级大三学生甚至更多的大一、大二学生关注广东外语外贸大学会计学院会计学硕士专业学位，以更加积极向上的姿态投身学业和职业生涯规划，形成良好的学风、院风和校风；三是加强学院同广东外语外贸大学会计学院的合作与交流，有助于解决毕业生实习、就业、升学等难题。

（二）取得的经验

1. 赢在生涯指导起跑线

一是播撒“职业生涯规划意识”的种子。在进行新生入学教育时，辅导员要积极开展“格物致知”新生成长工程、“成长漫谈”、“专业特点及就业方向认知”主题班会、“一对一”生涯咨询、“简历设计大赛”等活动，引导学生正确认识当前发展大势、就业形势，端正心态，精准定位，树立正确的就业与升学观念，厘清自身优势与劣势，明晰自己喜欢做什么、适合做什么、能够做什么，确定合理的目标，制订与自身匹配的、个性化的职业生涯规划。二是强化“职业生涯规划”的理念。在二、三年级，开展职业生涯规划大赛、各类创新创业比赛、单位招聘与升学早调查等活动，采取“一人一策”措施，加强个性化、精细化指导和精准帮扶。

2. 打好生涯服务组合拳

一是学院要联合校内外名师与专家，为学生提供优质教学服务，加强学风建设，建立学业困难帮扶机制。二是辅导员要结合学生升学的目标，用好校内优秀毕业生资源助力学生圆梦，发挥学生群体“羊群效应”，激励学生主动出击、向榜样看齐，并邀请一批成功升学的优秀典型，围绕“如何规划生涯、学习、备考、调整心态”等进行多维度、多方面的经验交流与分享。三是辅导员要结合学生就业目标，熟知学生求职意愿和实际需求，提供点对点、个性化的就业指导和咨询服务，紧跟形势、把握政策、掌握信息，为学生就业提供可靠的资讯保障，利用微信、微博、短视频等精准推送给学生，动员、组织学生积极参加各类招聘活动。四是开展“访企拓岗”活动，加强校地、校企之间的交流与合作。

3. 心理健康教育不可少

辅导员在日常工作中不能只关注学生的学习和思想政治教育，还要关注学生的身心健康，高度重视学生心理健康工作，不断提高学生心理健康教育工作的针对性和实效性，培育学生自尊自信、理性平和、积极向上的健康心态，促进学生全面发展、健康成长。要让人文关怀和心理疏导贯穿育人全过程各环节，开设“大学生心理健康教育”“爱情心理学”等课程，普及心理健康理念；加强解决大学生在新环境适应、人际关系、考试焦虑、情绪困扰、生涯规划、就业压力等方面的问题；开展“5·25”大学生心理健康教育月、“10·10”世界精神卫生日等主题活动，缓解学生心理压力；开展校园心理情景剧大赛、心理团训等心理健康教育品牌活动，丰富学生校园生活，培育学生积极的心理品质，全力为学生的就业求职保驾护航。

六、下一步工作计划

高校思想政治教育把大学生职业生涯规划作为重要组成部分不仅是时代发展的需要，更是遵循高等教育规律的需要，符合中国式教育现代化发展的要求。辅导员作为大学生健康成长的引路人和指导者，在大学生就业与升学工作中具有举足轻重的作用。根据当前就业形势和大学生自身特点，辅导员要坚持“围绕学生、关照学生、服务学生”的理念，通过全方位、全过程、多角度、网格化精准施策，打通大学生生涯规划“最后一公里”，保证毕业生就业、升学等顺利实现。

案例2 风起扬帆正当时，奋楫逐浪升学梦

一、背景介绍

（一）毕业生规模逐年增长

近年来，我国高校的招生规模不断扩大，相应地，毕业生数量也在逐年增加。大学生就业形势既受总体就业形势的影响，又有其独特性，各地区、各院校、各学科、各学历层次的需求不平衡，加上毕业生的固有求职观念，导致大学生毕业后面临严峻的就业压力。

如图7-1所示，2022年，我国高等教育应届毕业生规模在2022年突破1000万人，在2023年达到1158万人，在2024年达到1179万人，2025年预计可达到1222万人。教育部、人力资源和社会保障部在2024届全国普通高校毕业生就业创业工作视频会议上，要求各地各高校准确把握当前高校毕业生就业面临的形势，聚焦关键环节，多措并举促进2024届高校毕业生更加充分、更高质量就业。

（二）学院毕业生近三年就业形势

如表7-1所示，2021—2023年，学院研究生就业率相对平稳，维持在96%左右，而本科生就业率从2021年的89%下降为2023年的73%，呈逐年递减的趋势。不难看出，随着社会的改革和发展，用人单位对毕业生的学历和能力要求越来越高。一般来说，学历层次越高、毕业院校名气越大的毕业生，就业相对越容易。

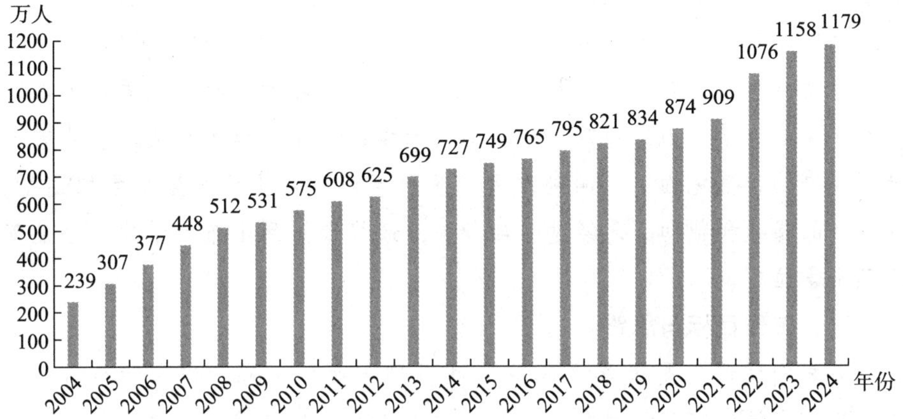

图 7-1　2004—2024 年我国高等教育应届毕业生规模

资料来源：教育部，历年全国教育事业发展统计公报。

表 7-1　学院学生近三年就业统计

年份	学历	毕业总人数（人）	就业人数（人）	就业率（%）	考研录取人数（人）
2021	本科生	489	433	89	22
	研究生	167	161	96	
2022	本科生	456	403	88	25
	研究生	175	169	97	
2023	本科生	564	412	73	23
	研究生	163	156	96	

本文拟通过学校会计专业优秀毕业生的成功升学案例，探讨当前就业形势下，如何帮助学生树立正确的就业观念，做好职业生涯规划，实现高质量就业。

二、案例概述

刘同学，女，2020 级会计专业本科生，在校期间成绩优异，平均学分绩点 3.80，平均分为 90.37，综测成绩和专业成绩均位列专业第一。连续三年荣获省级三好学生，荣获 2023—2024 学年校级一等奖学金、2022—2023 学年国家奖学金、2021—2022 学年校级一等奖学金，以及校级优秀共青团员、工作人员等荣誉称号。积极参与各类学科竞赛，荣获全国高校商业精英挑战赛会计与商业管理案例竞赛全国二等奖、“新道数智人才杯”全国高等院校数智人力大赛省级三等奖、2023 年全国大学生英语作文竞赛省级三等奖等。同时，担任班级团支书，且曾在校学生会任职。进入大三，刘同学找到辅导员老师了解保研政策，并积极参加学院组织的考研、保研经验分享会，对自己的人生规划有了更加清晰的目标。刘同学大四时参加了山东大学、南京师范大学、上海大学、广东外语外贸大学、安徽大学等高校的预推免面试，顺利拿到了多所学校的硕士研究生拟录取通知，在老师的指导和帮助下，经过综合考虑，最终选择到山东大学攻读企业管理硕士学位。

三、工作目标与思路

该案例反映的是大学生职业生涯规划方面的问题。作为辅导员，首先，应该在学生有升学困惑时，帮助学生清晰认识自我，找准定位，树立正确的升学观；其次，要帮助学生整合资源，为他们提供升学资料和信息，组织好考前经验分享会、摸底考试、考研知识培训、面试技巧培训等，拓宽他们的升学路径。

四、实施方法及取得的成绩

（一）实施方法

1. 多元协同、多维联动，同频共振

将毕业生考研升学作为重点推进项目，挂图作战，充分调动各方力量，整合各种资源，形成“学院统一部署、辅导员组织落实、班主任重点推进、学生协同配合”的“四级联动”工作机制，确保相关措施落地落实。深入贯彻“三全育人”理念，注重发挥师生指导、朋辈帮扶的作用，深入学生进行考研思想建设；辅导员精准发力，与学生及家长进行深度沟通；由学生党员牵头建立互助小组，帮助基础薄弱同学；在全院营造良好学风，鼓励学生积极考研。

2. 提前谋划、加强引导，奠定基础

从学生入学开始，依托入学教育、大学生职业生涯规划等帮助学生提前做好规划，加强引导。对新生进行入学教育和专业介绍，定期邀请院长、副院长、专业教师、硕士生导师及高年级研究生为学生做科研报告，帮助他们全面了解管理学科相关专业，制订职业规划。定期开展“走进科研”系列活动和学生“高水平项目”培育，让学生参与教师课题组进行科学研究，感受科研氛围。让学生提前了解研究生生活，避免盲目考研，增强考研群体的信心和决心。

3. 多措并举、多点发力，贴心服务

（1）加大考研宣传力度。每年研究生录取结束，在学院橱窗公布被录取考生的照片、录取学校和考研感悟，加大宣传力度，扩大考研的影响力，发挥模范引领作用，促进低年级学生早日树立考研理想。

（2）召开学生考研工作会议。召开考研动员会和考研经验交流会。考研动员会主要总结上一届学生的考研工作，介绍学生考研成绩和录取的学校等，邀请优秀研究生、专任教师、考研培训机构教师等进行宣讲，为学生解答考研相关问题。在考研经验交流会上，安排被录取的同学介绍考研体会、复习经验等，进一步调动他们的考研积极性，增强他们的考研信心，指导他们科学备考。

（3）修订人才培养方案。为考研学生提供保障，在一年级至三年级完成所有理论课教学任务，在四年级安排实践教学任务；在专业模块中设置基础课提升（考研）模块，与第三方培训机构合作，提升考研学生应试能力；从2024届学生开始，摸排学生考研意向、组织学生开展培训，辅导员全程参与、严格考勤，确保培训取得实效。

（4）为考研学生提供自习室。充分利用学院现有资源，为考研学生开设“考研自习室”，免打卡，方便考研学生集中精力备考。

（5）设立考研奖励基金。对被录取的同学进行补助，同时，对符合条件的同学进行考研报名费补助，为家庭经济困难同学考研解决实际经济问题，减轻其家庭经济负担。

（6）为考生进出考点安排接送车辆。考试期间，安排专门车辆接送学生进出考点，保证考生不会因为交通问题影响考试，为考生提供贴心服务。

（7）指导学生做好调剂工作。国家录取分数线公布后，召开专门会议，落实考生调剂工作，对少部分上线可能不被录取的考生，实行任务到人，安排专人负责指导调剂。

（8）发挥研究生党员模范作用，建立帮扶小组。学院优秀党员研究生与考研本科生组建小组，进行日常学业帮扶，通过朋辈力量，提高考研率与录取率。

（9）加强考研学生心理问题指导。定期与备考学生联系，关注学生备考状态，及时发现并缓解其心理压力。

（二）取得的成绩

2024年，学院毕业生报考研究生人数为197人，上线人数为65人，录取人数为43人，较上一年有大幅增长。推免成功的学生共有12人，其中不乏山东大学、暨南大学这样的“985”“211”院校，实现了高质量就业。

五、启示

在当前社会背景下，越来越多的大学毕业生通过考研提高自身学术水平及就业竞争力，但时间管理和学习方法是备考的最大困难。高校辅导员应帮助学生尽早树立正确的就业观，量体裁衣，尽可能为学生提供最新的考研、推免等资讯，组织好各类培训、讲座和分享会，持续深化“产、学、研、就”联动，实现全员育人、全程育人、全方位育人。

案例分析

那个心怀执念的“学霸”，坚定地走着自己的路

初入大学

曾经以为，大学可以弥补我高中的遗憾，我可以做真实的自己，可以无所顾忌地说自己想说的话、做自己想做的事，可以过得很炫酷，可以活得很洒脱。结果却是：我未能给高中时代的自己交上一份满意的答卷，也使我的大学欠缺了一份本该有的精彩。

不愿意遵守固有的规则、不愿意违心像大多数人一样做事的我，高中时学习不踏实、不坚定，上课经常睡觉、下课喜欢玩耍，最终因为自己的不专注未能在高考中取得满意的成绩。虽然父母没说什么，但是内心的那个声音真的让我无法原谅自己。

很清楚地记得开学第一天，我把妈妈送到返程的公交车上后，在回宿舍的路上，看着周围陌生的环境和陌生的人，从未离开过家的我感到特别无助，以往我肯定会难过或者哭泣，但是那次我竟然十分淡定，双脚充满力量地一步步往前走。我暗暗告诉自己：是时候收心了，是时候做一次乖乖女了，大学期间我要变得坚强、独立。

后来，在和朋友交流的过程中我发现，刚入大学时你内心的规划基本上就决定了你在大学的生活，因为我一开始的规划是在大学当一次在高中时没有当过的“三好学生”，所以我的大学生活和大部分同学就有了差别。

大一时，同学们参加各种社团以锻炼自己，周末出去玩耍以释放压力。我虽然也加入了社团，但将更多的时间花在学习上，早上6点多起床去读英语，晚上去教室上自习，宿舍的伙伴们都开玩笑说我不像是刚从高中堆里跳出来的。我心想：高中都玩够了，大学更像是生活上的一种“回归”。大二、大三，我读着自己都不知道有什么用的专业书，忙着考取各种证书。

“书呆子”生活

我执着地走着自己的路，扮演着他人眼中的“书呆子”角色，干扰学习的事情我一律“say no”。于是进入大学两年，我取得了“省三好学生”“校三好学生”“校优秀团员”等荣誉称号，还获得了国家励志奖学金、校一等奖学金，拿到了英语四六级证书、初级会计师证书、人力资源管理师三级证书等。

那两年，我几乎一直坐在教室前排，上课认真听讲，无论课程多么无聊和无用，我都坚持不逃课；无论我有多少想去做的事情、想读的书，我都坚定地克制自己去学习线性代数、经济学。

然而，物极必反，这些该有和不该有的坚持和执拗，在大三上学期结束时引发了问题。我一直把追求高平均分看作大学的目标，却没有关注到现行的大学教学和考试制度不像高中那样，其实是有很大灵活性的。大三上学期结束时，我有一门课挂了，创造了我入校以来各学期最低平均分。“学分制”改革后，大四我要重修那门课，但我也明白了什么是正确的学习之道、什么是真正的学习。

回首大学生活，我不再像高考之后那样后悔，只是有些心酸、无奈和遗憾：没有去参加我喜欢的社团活动，没有花时间去结交朋友，没有去做我喜欢的事。我对闺蜜说，如果大学再来一次，我要找到一个平衡点，多去融入社会。闺蜜却说，如果再来一次，她其他的什么也不想，就想死心塌地地学习专业知识。

“岔路口”上的选择

大三下学期是一个岔路口，有很多种选择，如考研、考公务员、找工作、创业等。我从大二下学期就开始纠结自己究竟要选哪条路，一开始我打算考MBA，后来知道需要三年以上工作经验才能考，我便开始思考其他的路。这时，家人提出了不同意见：走技术之路的老爸希望我考研深造，走商业之路的舅舅希望我毕业后回县城到他的公司工作，老妈则希望我按照内心的想法往前走，但是能感觉到她更希望我拥有一份稳定的工作。

自己的路只有自己选择才不会有遗憾，别人的建议你只能听听做参考，决定权还是在自己手中。

我上大学以来一直都在听老爸的话，坚持学习专业课理论知识，而内心很渴望与社会实践接轨，没有考研的动力。大学寒暑假期间，我一直在舅舅那里工作，但那里的工作与我的专业关联度不高。

一方面，我喜欢自己的专业，希望可以从事人力资源管理相关工作并一直往上发展；另一方面，我从小就特别羡慕国家机关事业单位的工作人员，喜欢他们工作的标准化和制度化，喜欢那种朝九晚五的规律生活。

我选择了考公务员这条路。我知道这条路不好走，相比考研，我没有任何优势，反而处于弱势，同学以及亲戚都觉得我不考研有点可惜，而且考公务员于我而言没有太大的发展空间。虽然这些我都明白，但是如果现在就让我放弃，我舍不得，那是我的一个小小梦想，我不想因为别人的反对就直接扼杀它。

大四：执念前行

通过一段时间的准备，我确实发现了自己的缺陷：由于中小学没有踏实学习，地理、历史一窍不通，我感觉自己又选择了一条“赎罪”的道路。不过，我发现去学习自己不懂的知识比死磕无聊的理论课要有趣，于是我以一种坚持的心态带着兴趣去走我喜欢的这条路，这本身就是一种幸福。

这学期，我一边准备公务员考试，一边为找工作做准备，有机会就去听讲座或者去参加面试，课后还会看一些管理、商业方面的书。但我逐渐意识到，自己很难同时走好这两条路，所以决定暂时放弃实习，像考研的同学一样静下心来只准备公务员考试。

我不知道这个选择是否正确，只是觉得我应该听从自己内心的召唤，这样，无论结果是什么我都能接受，都可以不遗憾、不后悔、不抱怨地去为自己的选择买单。认定一个目标，在大学的最后这段时光里再去好好地专注一次，尽全力拼一次，扎实走好每一步，先争其必然，后顺其自然，这样挺好。

也许人总是越没有什么就越渴望什么，与其反复担忧与恐惧，不如直接行动。人不可能每一步都走得很正确，总会在岔路口选择一条不那么正确的路；那条路尽管很曲折，但如果用心去走，风景依旧秀丽。其实，决定没有绝对的对错之分，只是经历不同、收获不同、遗憾不同，仅此而已。认定一个目标，选择一条道路，依靠自己的力量坚持走下去，就好。无论以后走到哪种高度、在哪个地方过着怎样的生活，我都希望自己能够拥有独立担当的强大力量，让自己幸福快乐，也带给周围的人阳光。

以上是木子同学对大学生活的分享。进入大学后，她学习比高中阶段还努力，取得了优异成绩，获得了很多荣誉。然而，她并没有意识到大学期间的评判标准与中学不一样了，大三时成绩出现下滑。于是，她调整目标，继续努力，大四坚定信念，选择考公务员。

大学阶段的目标可以按年级制订，具体建议如下。

大学一年级——自我认知及对专业进行初步了解阶段

在大学这一独立人格形成的重要阶段，进行自我认知是最重要的任务。刚考入大学的学生也许并不知道自己今后想要从事什么职业，了解自己的人格特征，找到自己真正的兴趣所在，厘清自身价值观至关重要。这些信息将帮助大学生选择自己感兴趣的专业和职业发展方向，并探索丰富多彩的工作世界。因此，大一新生应有意识地主动进行自我认知，了解人才培养方案，了解所学专业的具体情况和发展前景。如果觉得不热爱所学专业，应及时做出转专业的选择。大一时需要做的具体工作如下。

（1）发展自己的兴趣，提升自己各方面的能力。可以参加学生会、社团等，参加文体活动，选修自己喜欢的课程，参加志愿者活动等，要抓住校内外提供的一切尝试和锻炼机会。

（2）阅读不同行业和职业的介绍材料，对各行业和职业有基本的认识。比如，了解某行业是否属于朝阳产业，是否有发展前景，以及各种职业应该具备的技能有哪些。

（3）与家人、朋友、老师以及周围所有可以提供相关信息的人，谈论自己的工作以及对工作的认识、感受，进一步明确自己的职业兴趣。

（4）做职业倾向测试，更多地了解自己，确定自己喜欢的职业和自己的特长。

（5）刻苦学习，尽己所能取得好成绩，至少保证每门功课都通过，能顺利获得毕业证书及学位证书，同时，要尽可能多地考取相关的执业证书。

学生在大学一年级的一项重要任务就是明确对自己所学专业的看法。前面分析过，不少学生填报高考志愿时有较大的盲目性，进入大学后因为对专业不满意而感到迷茫甚至厌学。因此，一些学生根据“兴趣”换了专业。下面是一个典型案例。

王彬高考后被某大学管理学院录取，但他一直都有成为作家的梦想，考虑再三，决定转到文传学院。跨院系转专业的要求很高，其中的艰辛自不必多说，但他坚持下来了，一年后成为文传学院的一名学生。

还有一种情况就是对自己的专业基本满意，但更喜欢其他专业，这种情况可以选修第二学位，这样在毕业的时候可以获得双学位。

目前，也有高校按照大类招生，学生在大一下学期才选择专业，那么大一时就需要对大类下的专业有进一步的了解。确认对自己所学专业的兴趣，是保证自己尽快融入大学生活的重要前提，因此，应全面了解相关信息，及早做出决策。

大学二年级——生涯扩展阶段

大一的学习与生活可以让学生对自身特质有一定的了解，同时，对职业概况有初步认识，但还要继续深入探索和收集有关生涯发展领域的信息。比如，可以通过假期实习、社会实践和志愿者活动等获得第一手材料。在这个阶段，你需要了解自己的兴趣和职业群的信息，也要了解就业市场；通过实习、兼职和志愿者活动获得相关经历，有助于更多地了解自己的职业偏好；主动参加生涯发展项目，可以增加对整个就业领域的了解。大学生应在比较全面地掌握信息的基础上，逐步明确职业发展方向，并做出初步的职业选择。

在大一转专业的学生，到了大二，面临重新适应专业学习的难题。我们接着看前面介绍的王彬同学的故事。

王彬进入文传学院学习后，各种问题接踵而至：一方面，课业压力大，作为一名转专业的学生，他不仅要完成大二阶段的学习任务，还要补修大一需要完成的课业，这是一项极其艰巨的任务；另一方面，王彬发现，文传学院的专业课与他的预期有很大不同，这让他对自己的选择产生了怀疑，感到前所未有的迷茫。王彬为了坚持梦想付出了很多努力，却在奋斗的路上承受着梦想与现实的巨大落差，压力正在慢慢吞噬着他实现梦想的动力。

事实上，不论转专业的原因是什么，很多同学在成功转入自己梦寐以求的专业后或多或少会有一些心理落差和心理压力，这是很正常的，因为专业的学习本来就是比较枯燥的。幸运的是，王彬的辅导员注意到了他的情况，运用职业生涯发展理论对他进行了疏导。

辅导员根据王彬喜欢现代文学的特点，积极和文传学院现代文学专业的任课老师联系，从王彬最感兴趣的学科入手，解决了他学习热情不高的问题。通过辅导员的分析，王彬认识到，自己对新专业失去信心的关键在于压力过大，以及学习方法不得要领。从最喜欢的学科入手调整学习方法，再逐渐扩展到其他学科，让王彬的状态渐渐有了好转。

在随后的一年里，王彬在指导员的鼓励下参加了中国大学生作文征集大赛，并获得了一等奖，这让他坚信自己的选择是对的。

大学三年级——评估你的能力

社会实践和暑期实习会帮助你获得一些能力，这时你需要重新评估自己的能力，了解自己在哪些方面还有潜力。在大三这一专业课最为集中的学习阶段，你可以进一步明确自己的方向。在这一阶段，你需要再次问自己："我是谁?""我到底想要什么?"

大三需要逐步明晰：从大一开始到现在，你的兴趣是否有变化，对现在的行为有什么影响？你大学毕业后是直接找工作、攻读硕士研究生还是去海外留学？如果选择攻读硕士研究生，是继续学习本专业还是换专业，是在本校读还是换学校读，是考专硕还是学硕？如果希望留学，你想去哪个国家，最希望去哪几所学校，你需要为此做哪些准备？如果想尝试创业，需要评估自身的创业意向和创业项目的可行性、经费支持等情况，可以用学校的创业园练手。

总之，大学生应仔细分析一下，自己的选择是否合理，需要通过哪些渠道、具备哪些知识和技能才能实现目标。要研究相关的工作单位和工作环境，寻找自己与这些职业相匹配的能力。要建立专门的联系渠道，以帮助自己实现求职战略计划。

前面提到的王彬同学，在获得中国大学生作文征集大赛一等奖后，辅导员又帮他联系了学校报社，将他的文学作品推荐给编辑。在作品的几次修改过程中，王彬展现出了极高的领悟能力和较深厚的文学功底，这让编辑十分欣喜。半年后，王彬成为某报社的撰稿人，并获得了和报社资深作家交流的机会，也得到了他们的支持和认可。以上经历加深了王彬对作家这一行业的理解和认识，使他不再迷惘，学习热情越来越高。

大学四年级——就业决定阶段

在这一阶段，大学生要为自己确定生涯目标。应提前准备好求职申请书、简历和成绩单，通过校园招聘会、人才市场和企业官网等确定自己要从事的工作和应聘的岗位。

在这一阶段，需要思考的问题主要有：在你希望生活、工作的地区或城市，有哪些职位可以提供给你？你怎样找到适合自己的岗位？你已经尝试找了几个职业，哪一个最适合你？

大四时，很多毕业生会陷入就业恐慌，找工作让大部分学生很辛苦，有的备受挫折，结果还不尽如人意。在这种情况下，要学会缓解自己的不安、焦虑和自卑情绪。要知道，通过找工作，我们能不断地发现自己的不足，也会更加了解职场和相关职业，这些都是能够帮助我们在未来职场中获得成功的重要因素。

大学四年的规划应该在大一完成，然后根据规划安排接下来几年的学习和生活。当然，随着年龄与知识的增长，我们的认知会发生变化，需要不断地对自己的目标进行调整，但总体的规划应该较早完成。

在制订各阶段目标后，还应细化自己的短期目标。比如，制订上学期目标和下学期目标，制订暑假目标和寒假目标，等等。此外，还可以按内容制订学习目标、生活目标、社团实践目标、兼职目标和实习目标等。

在大学四年的学习过程中，是否考研是很多学生面临的一个抉择。有些学生可能在获得大学录取通知书时就已经将考研定为目标，殊不知，这样的决定是缺乏科学依据的。是否考研，应取决于你未来的事业发展目标，取决于你将来从事的职业对职场新人的素质能力要求。我们可以看看拓展阅读中的两个真实案例。

拓展阅读

本科生就是不如硕士生好找工作吗?

原创　北航 CDP 大学生学业与生涯规划 2008　2022-03-14 21：40

“老师，我考研分数下来了，估计今年没戏了。想到再考有点儿担心。不过，找工作更觉得没谱：研究生这么多，本科生还能找到工作吗?”

这是两周前一位 2018 级本科生发给生涯教师的信息。这让我想到了几年前一位来咨询的女生的情况，供今年考研失利的同学借鉴。

“老师，我大四了，准备本科毕业直接找工作，可已经找了两个多月了，还是没有拿到满意的 offer! 我已经参加好几次面试了，发现一起竞争的应届毕业生，绝大多数是研究生。本科生是不是不如硕士生好找工作啊?”

坐在对面的学生小 L 满脸疑惑中透着沮丧。小 L 是北航自动化学院的一个女生，大三下学期之前一直在考研和找工作之间犹豫。不过，她很明确自己是不喜欢科研工作的，经过一个暑假的慎重考虑，终于决定先就业，并且将主要目标锁定在航空航天企业。然而，大四开学后的求职并不顺利，于是她决定向专业老师咨询。

“本科生是不是不如硕士生好找工作? 还用说吗? 要不为什么那么多同学读研? 当然是因为硕士生找工作容易些!”很多同学都会这么认为。

不过，今天我们要深入探讨一下：“本科毕业生真的不如硕士毕业生好找工作吗?”“什么情况下会是这样?”“有没有其他可能性?”

其实，本科毕业的同学拿到的 offer 很多都是月薪 1 万+，比很多硕士毕业生拿到的 offer 高得多。

这些同学在分享中提到：他们在面试时主要的竞争对手是硕士生，往往终面时 10 个候选人中，本科生最多两三个，有时候只有一个本科生，其余都是硕士生甚至博士生! 这些硕博生中，985 高校甚至清北学生占多数。

然而，那又怎么样呢? 最终的结果是他们（本科毕业生）拿到 offer 了，而那些硕博士没有拿到。这到底是怎么回事呢?

讨论这个问题前，我们先看一下一些学生读研的理由：

（1）“自动化的本科所学知识都非常基础，如果不读研，是没有较强的工程实践能力的。同时，在经历了寒假实习后，我也深感自己在实际工程中认识和能力的欠缺，更加坚定了要好好读研的信念。”

这位同学选择的职业或职位要求比较专业的学科知识，这是本科教育无法提供的，所以选择读研是非常明智的决定。

（2）“我读研究生最大的原因可能是不甘心吧，不甘心自己永远只生活在一个小城市，不甘心自己的文凭最终只是一个普通一本，不甘心跟身边的朋友一样做个每月只拿三四千块钱的机构教师，我还年轻，不甘心一辈子就这样度过。我想提升自我，想感受大城市的喧嚣，想结交优秀的朋友，想接触杰出的老师，想享受985高校的资源，想重返校园，弥补之前高考的遗憾，所以我选择了考研。”

这位未能进入理想大学的同学，通过努力在研究生阶段进入985高校，借此享有更优质的教育资源及人脉资源，相信读研将给这位同学带来特别大的收获！

很多学生读研的目的是提高自己的专业水平，进而提升自己的核心竞争力。如果读工科，想要在科研领域做出成绩，就要读研甚至读博，一般本科生的科研水平是不够的。

以上提到的读研理由是非常充分的：目前我国高校教师及一些科研院所招聘专业人员的学历要求最低是硕士，很多要求博士学位。因此，有类似职业规划的学生，肯定应该读研，而且应该到专业水平高、学术氛围浓厚的院校攻读学位。

还有一类同学是希望换专业的：“准备考研，除为了提高知识水平，增加个人竞争能力外，也有兴趣的因素在。高考填报志愿时本来信心十足地以为能去金融专业，却‘莫名其妙’地到了数学专业，这也预示着我要走考研的路线。大学本科期间在数院的‘挣扎’，也证明了我在数学这个方向上的路走不远，考研俨然成了‘自我救赎’的途径。此外，金融专业与数学专业的偏离并不大，正好本科有一点数学学科背景，就决定考研。虽然考研可能不成功，但必定有个人知识层面的‘跃迁’，也会受益。”

更多的同学似乎有逃避就业压力之嫌：“选择读研究生，一是对就业心理准备不足，需要将研究生阶段作为缓冲，让自己快速成长起来；二是自己专业能力有所欠缺，需要通过进一步学习和锻炼让专业能力与综合能力再上一个新台阶。”

“选择读研的理由主要有两点：其一，为了在未来更有竞争力，在收入和社会地位等方面研究生都应该会更好些。其二，对学长们所说的研究生生活还是有一些兴趣的，想切身体验一番。毕竟随着年龄增长，将受到种种牵绊，当下是深造的最佳时机。”

“主要原因是后悔本科阶段太傻没玩够。本科阶段最好多出去实习或者旅行，可以增长知识，见识新的世界。不是说书本上的知识不好，只是比起现学现用，听课的效率太低了。作为弥补，我选择读研——将本科未经历的事去经历一下。职业生涯规划课上谈到，职业规划其实是和人生规划密不可分的，在选这个行业之前，要选择自己最终成为哪种人。我的性格就是不羁爱自由……所以才选择读研，把不用担心房租工资升职加薪的日子延长三年。”

…………

可以说，不少同学读研并非“必须”（岗位需要硕士或者博士学位），而有点儿“为读研而考研”的意味。985 高校深造率（包括留学深造者）大多高达 70%~80%，这就造成了很多并不需要高学历，但希望聘用到整体素质较高应届毕业生的用人单位，到了面试的最后环节，留下的往往是硕士毕业生及个别特别优秀的本科毕业生。本科毕业生虽然感到压力很大，但可以宽慰自己的是：“也许自己再读三年硕士，找到的还是类似的工作；而目前相当于自己提前拿到了三年后的 offer，这不是很爽吗？”要知道，读研并不能帮助你延长职业生涯。

当然，也有些家长会提醒孩子，如果大学毕业不立即读研，一旦参加工作，就没有精力复习考研了，甚至会拿自己年轻时的教训做反例。不过，这些家长可能并不了解近些年我国高学历人才培养模式发生的变化。

提到读研，绝大多数学生想到的是攻读硕士，即大学毕业后的第二级学位，通常在获得最初一级学士学位后再修读 3 年方可获得。按照专业和用途划分，研究生可分为学术型研究生和专业型研究生。两者处于同一水平，但是侧重点不同。学术型研究生侧重培养教师、科研人员等，注重理论研究；专业型研究生则侧重培养高科技专业人才，注重应用。在校生备考的主要是“学术型硕士”，因为这类硕士既有学位又有学历，给人感觉“含金量高”，而且大部分是公费攻读，个人花费较少。

为了满足社会经济发展对高素质应用型人才的需求，我国自1991年起开始探索硕士研究生教育模式的改革，由原来单纯培养学术型硕士转变为学术型硕士与专业型硕士共同培养的模式，尤其是在2009年以后，我国专业型硕士研究生的招生人数在硕士研究生招生总数中的比例不断上升，目前已经发展到MBA、金融硕士、法律硕士、公共管理硕士、教育硕士等38个种类的专业学位，涵盖200多个领域，招生人数也逐年增长。根据国家计划，未来学术型硕士与专业型硕士的招生比例将达到1∶3。

事实上，大学毕业直接就业并不意味着今后就很难有继续深造的机会了，不少专业硕士项目要求报考者必须有三年以上的相关工作经验。因此，大学毕业后是否直接读研，应该取决于选择的职业领域对初次入职人员的学历层次及专业水平的要求，而不应该无端地认为“学历越高越有利于就业”。

前文提到的小L同学也表示，她去参加校园宣讲会时，曾亲耳听到一些用人单位的HR说：“没有工作经验的应届毕业生其实就是一张白纸。反正都是白纸，我为啥不要更年轻、更白的那张纸（本科生）呢?”只是接二连三的“打击”，让小L有些自我怀疑。

事实上，小L是大三暑假才最终决定先找工作的，这使得她错失了大三下学期三四月份找暑期实习工作的最佳时机，在暑假期间只好参加学校组织的实习活动——快开学时到一家小的互联网公司实习了三周。这样的实习经历确实难以说服HR自己有多适合所应聘的岗位。

总之，并非所有专业、所有岗位本科生都没有研究生好找工作。对于很多岗位，用人单位招聘应届毕业生看重的是学生的基本素质和学习能力，学历并非越高越好。换一个角度来看，如果读研期间只是完成规定的课程学习，硕士毕业可能照样不好找工作。

还是那个观点，人职匹配才是最重要的。可能有学生会拿出“很多能解决户口的国有企业只招硕博生”的例子说明读研的必要性，这的确是事实，不过，如果硕士毕业生做的工作是本科生甚至专科生就能承担的（如银行储蓄所的柜员），那再读三年获得硕士学位是否值得?

“本科生不如研究生好找工作”并非真理，不少本科毕业生甚至找到了令很多硕士毕业生羡慕的工作。当代大学生应对自己的生涯负责，不经思考地“从众考研、留学”，浪费的是自己的时间。

追随我心　脚踏实地

——毕业一年回顾大学生涯

转眼新一届的学子就要离开学校奔赴职场，而我在北京工作也快一年了。回顾大学时光，有些已经开始淡忘，有些却更加清晰，每每想起都会心潮澎湃，那是我梦想开始的地方。

大一：回报并不是都追随努力而至。

当我背着行李走进大学校园的时候，内心充满兴奋和期待。兴奋是因为我依从内心的选择，凭着对科技的热爱，毅然决然地选择了计算机学院软件工程专业；期待是因为我一直对创业充满热情，这里也许就是我梦想开始的地方。

我很快适应了大学的节奏，投入专业课的学习。可是，尽管我在暑假自学了编程，在最重要的这门专业课上却没有取得更好的成绩。不仅如此，还有一门课——近代史纲要挂了。这让我很沮丧。

大一下学期，我感到迷茫，特别是看到同班同学中有人早早过了英语四级，而我还没有报名考试；有三个同学编程特别牛，高中就参加比赛获过奖；还有的同学高数学得很好。我开始怀疑自己的能力：如果连专业课都学不好，将来靠什么创业？我很快预约了职业生涯咨询，想知道自己适合什么样的职业，以及将来前进的方向。在和老师聊过之后，我又找回了一些动力，继续向着梦想前进。

大二：方向和努力同样重要。

进入大二，我不仅注重专业学习，还开始加强其他各方面能力的培养。大一时，我曾想组建团队参加一些编程比赛。大二时，我知道学校有这样的团队，就毅然加入其中。为了锻炼自己的领导和组织能力，我争取到了团队副队长的职务，通过研究一些编程问题和组织召开每周的例会，我的编程能力和领导能力都有了很大的提高，在这样的良性循环中，我找回了自信。

为了向创业梦想迈进，我选修了学校的KAB创业基础课程，还参加了学校组织的启智创新杯商业模拟赛，虽然我带领的团队输掉了比赛，但是我觉得学到的东西比比赛结果重要得多。在这个过程中，伙伴们一路相伴，让我有了更多的想法。创业的思路越来越清晰，也越来越接地气。我们常常一起讨论，既会毫无保留地分享，也会一针见血地批评，这是我最大的收获。

大三：实践的路上看清梦想。

进入大三，企业培训开始增多，这是学校给计算机学院学生提供的机会，可以直接跟企业接触，做实训项目。我在每次分组时都被选为组长，带领组员共同完成项目，得到大家的认可让我很开心。我在实训中学到的不仅是技术，还有人员管理、任务分配等技能。大三时最牛的事情是我参加了微软举办的全球学生科技大赛，虽然止步于全国复赛，但见识大大增长——我看到了其他院校学生的风采，也看到了自己与他们的差距，找到了前进的方向。

大四：收获无限可能。

回忆忙碌的大四，能想到的就是招聘会、面试。我通过各种渠道了解招聘信息，参加了百度、美团、360、58同城、搜狐、京东、唯品会等企业的宣讲会及笔试和面试。虽然当时我在参加企业实训，企业的办公地点比较偏，也不允许过多请假，但是参加这些招聘会对我至关重要，我总是挤出时间多去看看，活动结束之后再赶最后一班车回企业。虽然身体很疲惫，但是心不累，因为每次的尝试都会带来不一样的收获。

2014年12月，我找到了第一份工作，并参与了一些项目。虽然听起来不错，但实际工作和技术的关系不大，倒是学了不少地理知识。2015年4月，我在学长的引荐下加入拉卡拉，开始从事互联网金融行业的工作。在工作之余，我常去中关村创业大街，感受那里的创业氛围，完善自己的创业想法。创业梦想越来越近，我看到了照进现实的阳光。

大学是多样的舞台，有各种方向，也有不同的道路，而我们要做的就是：Follow Your Heart（随心而动）！

第8章 求职准备

8.1 财会专业求职方向

对主修财务、会计专业的大学生来说，职业生涯常常要从基础做起，通常可能从以下领域开始。

8.1.1 金融机构

金融机构是指专门从事与货币信用相关业务的中介组织，大致分为银行类金融机构和非银行类金融机构。其中，银行类金融机构主要指商业银行；非银行金融机构则包括保险公司、基金管理公司、投资银行等。

商业银行是最大的财务人才需求机构，它要吸收存款，将贷款投向公司或个人。如果选择加入银行，通常要经历银行的整套运作程序以了解银行的业务，随后会被安排从事个人和小型公司的存款与贷款工作，或者帮忙分析对大型公司的大笔贷款业务。除此之外，银行还提供比其他金融机构更多的职位，比如，负责个人及公司之间通过银行的付款结算。如果进入现金管理部门，则要帮助公司电子划转大笔资金，如工资、税金、货款等。当然，也可能在银行的外汇部门工作，或者从事期货或期权等金融衍生工具相关业务。

保险公司需要大量的财务人员。保险公司通常要将投保人的保险金投资于金融债券、基金或者股票，因此，财务人员要负责评价所投资企业的经营能力、调查企业的信用、决定投资哪家公司的股票，或者设计投资组合，以降低投资风险。

基金管理公司是从个人投资者手中筹集资金，投资于多种股票或债券，谋求所管理的基金资产不断增值，使基金持有人获取尽可能多的报酬的机构。在基金管理公司工作，主要的任务是分析证券走势，决定何时买入或卖出何种证券。基金收益的好坏取决于基金管理人管理基金资产的水平，因此，基金管理人的任职资格受到严格的限定。

投资银行是指经营资本市场业务的金融机构，其业务包括：帮助公司出售证券，为企业筹资，协助公司完成兼并和收购，提供咨询服务、资产管理服务，进行自有资金的操作交易等。在我国，投资银行的业务主要由证券公司承担。

8.1.2 企业及事业单位

财会工作是财务职业中最广泛的领域，拥有最多的工作机会。财会工作在所有商业机构中都非常重要，包括银行、其他金融机构、工业企业和商业企业。财会工作在政府机构及非营利性组织中同样重要，包括学校、医院等。财务管理人员的工作是帮助其所在单位评估投资项目，或者帮助筹集项目所需资金，或者与银行进行贷款谈判，或者协商租赁厂房和设备。财务分析人员也可以参与监督和风险控制，如为企业的厂房和设备投保，协助购买和出售期权、期货，运用其他风险管理工具。会计人员要做好审核凭证、支付款项、缴纳税款等工作，发挥监督职能，提供会计报表。

不管从事哪个领域的工作，财务人员对这几个领域都必须有所了解。例如，银行负责贷款的人员如果不了解财务管理知识，就不能有效地判断企业的经营状况，银行的贷款资金就会面临巨大的风险；证券分析师必须掌握一般财务原理，以向客户提供合理的建议；企业的财务经理必须明白银行是如何思考问题的，也应明白投资者是如何判断一家企业的经营状况的，进而做出投资决策。

8.2 求职准备

8.2.1 做好求职准备

求职准备的首要任务是做好心理准备。通过前面的学习，很多学生已经根据自己的个性及偏好，结合专业特点，确定了职业方向，制订了职业生涯规划。随着对职业和职场的了解不断深入，不少学生明确了大学阶段需要提升的素质与能力，而且根据所在地区的具体情况，通过学习，以及参加竞赛、实践、实习等切实提升了素质与能力。现在，需要设定一个非常具体的目标：怎样寻找毕业后的第一份工作？

探讨这个问题时，需要再次回顾职业生涯、内职业生涯和外职业生涯的相关内容。职业生涯是指一个人一生中所有与职业相联系的行为与活动，以及相关的态度、价值观、愿望等连续经历的过程。我们可以将职业生涯理解为一个人的职业从开始到结束的历程。由于人的发展遵循一定的规律，职业生涯是可以规划的。

我们强调，内职业生涯的发展是外职业生涯发展的前提，能带动外职业生涯的发展；外职业生涯的发展则可以促进内职业生涯的发展。因此，建议处于职业生涯初期的大学毕业生更关注内职业生涯的发展，对自己的收入、职位、知识、能力、观念等有一个正确的认识。在为自己设定新的起跑线时，首先要明确大学毕业时“好工作”的标准是什么。“好工作”的标准是因人而异的，适合自己的工作才是好工作。对于初入职场的年轻人，衡量是不是“好工作”应优先考虑内职业生涯的发展。这就意味着，在确定第一份工作时，薪资待遇、单位名气、工作性质、岗位职务、城市户口等因素并非最重要的，从职业生涯发展的角度来看，最能锻炼自己、对自己能力提高最有帮助的工作就是好工作！

近年来，针对用人单位的多项调研均表明，用人单位最看重应届毕业生以下方面的能力与素质：工作动机，诚信与责任心，沟通能力与团队精神，社会实践及工作实习的经历，专业能力。以上几项除了专业能力主要通过专业课学习获得以外，大部分需要通过实践培养和提升。从我国高等教育的现状来看，专业课大多在大三开设，因此，大三这一年对学生就业能力的培养尤为重要。大学生要通过工作实习、社会实践等尽可能多地认识社会和了解职场、职业，抓住各种机会提升职业技能，为就业做好准备。除了尽可能利用寒暑假参加社会实践、做兼职及实习外，还可以通过与职场人士交谈、参加相关俱乐部的活动或进行职业能力培训等积累职场知识。此外，还应学习和掌握自我管理、职场礼仪、职场人际关系等方面的知识。

在寻找实习工作的过程中，要善于借助人脉关系。目前，我国还没有形成较为完善的实习生社会招聘制度，多数用人单位招收实习生以内部推荐为主。因此，大学生应主动向父母、亲戚、朋友、校友等求助，以获得相关招聘信息。很多正规的公司会通过网上招聘的方式选择专业相关的实习生。当然，有熟人推荐并不意味着就能得到实习机会，不少单位会组织面试进行筛选。这就需要提前了解撰写简历、参加面试及职场礼仪等方面的知识并进行必要的训练。这些训练对毕业找工作有很大的帮助。

一旦幸运地得到了实习机会，就要认真对待，在工作单位好好表现，争取获得实习单位工作人员的认可。不少学生抱怨实习就是“打杂”，体现不出自己的专业水平，殊不知，几乎所有的职场新人都要从“打杂”做起。对于刚刚进入职场的大学在校生或毕业生，主管一般只会派给他们一些比较简单的工作，万一做不好，也不至于造成太大的损失。主管会通过新人做事的情况考察他们的工作态度和能力，并据此逐步安排与其能力匹配的工作。在实习的时候，大学生一定要端正态度，虚心向前辈学习。只有认认真真地将小事做好，才有机会承担比较重要的工作，体现自己的能力和水平。有些学生在学校里就幻想着工作一定是在办公室，天天面对电脑就能完成任务，没想到一到实习单位就被派到基层，每天大太阳下跑几个小时，又苦又累。在实习之前，一定要做好吃苦的准备，保持积极的心态。

实习时，一定要尽可能选择与自己专业相吻合的工作，而不是简单地完成任务，前面我们已经讲了很多实习对求职的重要意义。

明确了求职目标，就要在大四上学期开始找工作了。在找工作的过程中，要及时调整心态，争取做到以下几点。

第一，进行恰当的自我定位，不要好高骛远。正如前文分析的，工作单位各有利弊，绝对的好工作是不存在的。在现实生活中，很多人有从众心理，认为没找到热门的、公认的“好工作”就是失败。其实，只要找到适合自己的工作，能够在工作中充分发挥自己的优势，从长期的职业发展来看就是有利的。只要在求职过程中尽心尽力，不出现大的失误，把握住各种机会，找到的工作应该是不错的。

第二，求职是场持久战，特别是近几年，毕业生人数逐年增加，就业一年比一年难，在求职的过程中要保持平和的心态。《求职宝典》一书中有句很经典的话：找工作就是一个别人不断地跟你说“不行!”“不行!”“不行!”……最后终于说“行，来吧!”的过程。对于这一点，很多已经踏上工作岗位的毕业生都深有感触。因此，求职时一定要调整好心态，做好打持久战的准备，不要因为一次两次的“不行!”就失去信心。

第三，培养抗挫折的能力，做好接受“失败”的准备。大多数人在求职时抱着“法乎其上，得乎其中”的想法，确定的目标比较高远，只有在自己能力发挥到极致的情况下才能达到，因此往往会有挫败感。事先要告诉自己：失败并不可怕，失败乃成功之母。

第四，及时总结经验和教训，灵活应对变化。其实，“找工作本身就是一份工作”，你不会总是一无所获，即使一时拿不到 offer，你也能收获求职经验。我们应该在求职过程中不断总结，发现自己的不足，调整、提升自己，让自己一步步接近目标。求职过程中还有可能出现新情况，比如，最理想的雇主因故停止招聘新人，但发现了非常接近自己理想的新雇主。很多学生最终接受的 offer 来自自己不太关注的公司。

第五，一步到位是理想，多步到位更现实。我们在就业中经常说“先就业，再择业”，一次获得自己最理想职位的是极少数，大部分人有些遗憾地接受了次优的 offer。只要获得的职位与理想职位不是南辕北辙的，所要求的任职素质与能力交叉比较多，那么，通过在工作中不断积累经验、提升能力，一定会越来越接近自己的理想职业状态。

大学生应抱着积极乐观的心态收集详细的求职信息，并选择合适的求职渠道。目前，大学生常用的求职渠道有以下五个：

（1）网络申请。可以通过智联招聘、前程无忧、中华英才网的“校园招聘”频道获取信息、投递简历，也可以通过各用人单位的官方网站提交申请。

（2）校园招聘会。这是对在校大学生而言最有效的求职渠道。从每年9月开始，有应届毕业生聘用计划的用人单位就会分期分批进驻各大高校，开展针对应届毕业生的招聘活动。其中，既有多家用人单位同时进驻的校园招聘会，也有一家公司单独前往的招聘宣讲会。不论形式如何，参加这类招聘会的企业都有实际的用人需求，既不要求应聘者有工作经验，还可以省去交通成本，对大学生来说是非常有效的求职渠道。要提醒大家：这里所说的校园招聘会不限于本校主办的，本地区其他高校举办的校园招聘会往往对所有应届毕业生开放。不少学生是在其他高校举办的校园招聘会上投递简历，最终通过层层筛选被录用的。校园招聘会是企业和毕业生双向选择最好的机会。一方面，企业需要这一层次大学的毕业生；另一方面，大学培养的毕业生符合企业的需要。此外，参加校园招聘会的企业大多是长期与学校合作的，有真实的人才需求。相关数据统计结果显示，多数大学毕业生就业的方向是企业，企业是大学毕业生就业的主要类型。

（3）社会招聘会。社会招聘会比校园招聘会规模大，动辄有上百家乃至上千家用人单位同时参加，工作机会也多得多。不过，需要注意的是：社会招聘会上的职位可能强调工作经验，会让没有工作经验的在校生感到“很受歧视”。因此，应届毕业生前往社会招聘会求职时一定要做好心理准备。

（4）学校就业指导中心。学校就业指导中心与很多用人单位保持着密切联系，有些有招聘应届毕业生计划的用人单位出于种种原因不能到学校举办宣讲会，会将招聘需求发给学校就业指导中心或者院系职业发展中心。因此，求职的学生要经常关注学校就业指导中心及院系职业发展中心发布的求职信息，以免错过机会。

（5）人脉求职。根据近年来的调查数据，通过人脉关系获得招聘信息及推荐，最终顺利通过面试被录用的比例逐年上升，达 65%～90%。出现这种现象的原因是很多用人单位为了节约招聘成本、提高筛选效率，会请内部员工推荐应聘者；被推荐者需要参加各种考试、测试及面试，并非有些人想象的“走后门”。在找工作期间，大学生要尽可能地将自己大致的求职方向和目标告知亲戚、朋友等，争取更多的面试机会。

练 习

测试一下你的求职人脉

假设你现在要找工作了，拿出你的手机，看看有多少人能给你提供工作机会或信息，并认真填写他们的信息。

姓名：

电话号码：

与你的关系：

他（她）的职业：

能为你提供的工作：

是否是你想从事的工作：

…………

8.2.2 锁定求职目标

大学期间的努力程度决定了毕业时你所拥有的知识与技能。如果你能提前设定目标，并按照目标的具体要求采取适当的方法去培养、提升自己，在毕业时基本上满足这些要求，就能较为顺利地找到满意的工作。

据统计，应届大学毕业生平均投递110份简历才能拿到1份满意的offer，投递30份以上简历，才能获得4~6次面试机会。为了提高就业率，“广撒网”是很多应届毕业生的求职策略之一。正在找工作的大四学生小妍说：“投了简历的很多岗位都与专业不相关，就业形势那么严峻，能找到工作就不错了。”不过，也有些毕业生找工作特别顺利，能拿到多个offer。

大学生应该有意识地依据职业生涯规划理论进行自我认知与职业职场探索。随着自我认知和对职业职场探索的深入，毕业期限也日益临近，可以逐步锁定求职目标。具体可以遵循以下步骤。

（1）确定对哪些职业进行研究。随着社会分工的日益细化，职业类别早已超过“360行”，2022年版的《中国职业分类大典》中的职业类型为8个大类、79个中类、449个小类、1636个细类（职业）、2967个工种。如果没有侧重地进行研究，工作量就太大了。

在决定对哪些职业进行研究时，建议重点考虑以下因素：一是选择那些与自己职业兴趣类型相近的职业。先评估自己的职业兴趣，再根据职业兴趣代码锁定需要进一步研究的职业范围。二是根据生涯人物访谈，筛选自己感兴趣的职业类型中适合应届生应聘的岗位类别。三是结合自己所学专业及所在院系推荐的应届毕业生的岗位类别进行筛选。此外，还可以对任何自己感兴趣且具有基本任职资格的职业进行研究。

（2）确定研究行业和功能范围。美国职业指导畅销书《你的降落伞是什么颜色》中指出：职业 = 职位 + 领域。在对职业进行研究时，你应该明确自己感兴趣的职位所处行业及其功能范围。比如，一位同学的职业兴趣代码前两位是 SA，感兴趣的职业是教师，他应该进一步厘清是大学教师还是中小学教师，这是因为大学与中小学对教师这一职业的任职资格要求差异很大。在确定是大学教师后，还要进一步确定是在大学里做承担教学、研究工作的教师还是承担教学管理、行政管理工作的教辅人员。目标明确具体，才能有的放矢。

（3）了解感兴趣职业的最新动态。近年来，随着社会经济及新技术的迅速发展，不断有新的职业出现，原有职业的任职者资格要求也在不断变化。以大学教师为例，20 世纪 90 年代之前，具有学士学位者即有任职资格；到了 90 年代中期，绝大部分高校要求新晋教师具有研究生学历及硕士学位，只有本科学历者只能从事行政管理工作；进入 21 世纪，越来越多的高校只接受博士毕业生申请教师岗位，甚至有些行政岗位也要求任职者具有博士学位。这些是正式求职前要了解的。

（4）收集有关职业或专业协会的信息。可以通过一些行业协会及专业协会获取相关职业信息。这些协会往往能够提供一系列职业信息，包括新入职者的任职资格、在行业或专业内发展的机会，以及所需资格证书、培训课程等。此外，还可以通过实习获得第一手资料，也可以以“实习”为关键词进行搜索，如搜索“实习僧”，获得实习信息。此外，学长学姐的行业信息、面试经验更多，对在校生的参考价值也很大。

（5）开列雇主清单，以便发现关键的雇主，即你特别希望加入而且自己的素质能力等个人特质与其招聘岗位要求匹配度较高的用人单位。在正式求职前半年或一年，最好能够列出雇主清单，从中发现关键雇主。计划进入企业工作的学生，可以提前一年参加校园招聘会，以了解用人单位的基本需求。在当今的信息时代，应届生求职渠道很多，但是一定要注意甄别，尽可能选择正规网站。

（6）发动所有的人脉关系为自己提供招聘信息。

接下来，我们结合彭超同学的求职经历进行简单分析。

来自云南贫困地区的彭超同学是以预科生身份进入大学的。在大一开学不久，他就学习了职业生涯规划课，逐步有了规划自己大学生活和未来职业发展的意识。

大一暑期对自己的分析：经历了大一的各科考试，我发现不管怎么复习，考试总是拿不到高分，但是我对做项目、做数据产生了浓厚的兴趣。所以，到大二以后，我把重心放在了做项目上，努力学习数据分析以及比较实用的数据分析软件，尽量使自己具备未来工作所需的能力。当然，在学习方面，我也确立了一个原则——无论如何都不能挂科。直到现在，我确实没有挂过科。

确立了大学的重心和学习原则以后，我的任务就非常明确和清晰了。平时，只要实验室有项目，我都会投入极大的精力。一旦在做项目的过程中发现自己的能力有欠缺，我就会有的放矢地去学习，把实践和理论知识相结合，让自己以最快的速度提升工作能力。后来我发现，这样做效果非常好，也让我有了坚持下去的动力。

大三，我开始实习，由于大脑中已经有了职业规划，我在大三期间选了两家公司实习：一家是管理咨询公司，另一家是互联网公司。这两家公司的工作性质不一样，公司类型也不一样，却有几个共同点：都是正规企业，平台好，管理规范。在实习中我学到了很多东西，比如，做事必须细心认真，对待工作要有耐心。大三暑假，我去了国企实习。在那里，我知道了什么是体制内的企业，如何在公司里做事做人。

以上三段实习经历让我明白：做任何事情都不能原地待命，一定要未雨绸缪。所以，大三暑假一结束，我就开始关注各大招聘网站上的招聘信息。准确地说，我从 8 月初就开始关注相关信息，对感兴趣的公司进行分析和研究，然后修改简历。

彭超同学之所以求职不到 3 个月就能获得 3 份高质量的 offer，是因为他之前几年都在积极思考、不断实践并付出了大量努力。

大三暑期，一些备考研究生的同学以“考研”为由，“理所当然”地放弃了社会实践及暑期实习的机会。这些同学将来找工作时很可能因为缺乏实践经验、职业能力没有得到培养和提升而处于不利的地位。大四上学期是用人单位招聘毕业生的高峰期，各类校园招聘活动也很频繁，但准备考研的学生往往没有精力参加这些活动，从而错过了找工作的最佳时机。大部分考研失利的同学往往找工作也不顺利，颇有“赔了夫人又折兵”的尴尬。

虽然求职看上去是大四上学期才开始的，但如果没有前几年的知识学习和素质与能力的提升，以及实践、实习经验的积累，大学生在求职时很可能会感到无所适从。在培养能力、积累经验时，选择往往比努力更重要。如果不了解目标职位的要求，很可能投入了许多时间和精力，对达成目标的帮助却很有限。

在校大学生如果都能像彭超同学那样，从大一就开始认真思考，大二、大三抓住各种机会参加社会实践、培养各种素质能力，大四锁定求职目标、有针对性地投递简历，求职效果一定会比毫无规划地度过四年时光好很多。

8.2.3 求职的必备法宝：简历、求职信和求职档案

大家都知道，求职是从投递简历和求职信开始的。简历和求职信是求职的必备法宝，那么，如何撰写吸引人的简历和求职信呢？课堂上，我们曾请学生做练习：写简历。结果，10 分钟过去了，大部分同学只在 A4 纸上写了三四行字，主要介绍自己的姓名、性别、年龄、就读院校及所学专业。由此，大家明白了一件事：简历是“做”出来的，而不是写出来的。大学四年，前三年做了些实实在在的事情，到大四时简历上才有内容可写。

8.2.3.1 简历

1）什么是简历

走在大街上，我们常能看到一些广告牌。通过这些广告牌，我们可以对上面的商品有最直接的了解。好的广告牌会让我们对商品、品牌等产生深刻的印象，即使当时不会购买，一旦需要也会考虑购买。简历就是一种类似的个人广告，是自我推销的工具，用来展示一个人的工作技能以及他对未来雇主的价值。投递简历的主要目的是帮助你获得面试机会。好的简历虽然不会直接帮助一个人获得职位，但是会在雇主做出招聘决策时起到积极的作用。

一份好的简历与工作申请表是非常不同的。工作申请表是关于工作的，而简历是关于你以及你在工作中的表现和成就的。因此，它应当包含求职目标，以及与这一目标相关的技能、经历和成就等。

2）一些关于简历的数字（摘自美国劳工部对雇主的调查统计）

（1）雇主在每份简历上所花的平均时间为 15 秒。

（2）每 245 份简历中只有 1 份简历的主人可以获得面试机会。

（3）有的大公司每年会收到超过 10 万份简历。

（4）雇主在报纸上登出一个招聘职位，通常会收到 200 份左右的简历。

（5）在所有简历中，有 85%~95%最终的结局是被扔进垃圾桶。

因此，准备一份好的简历非常重要。对于求职的应届毕业生，除了在外观、风格、篇幅、用词等方面用心外，更重要的是知道如何根据简历筛选的过程，结合自己的实际情况，有针对性地设计简历内容。

3）制作简历前的准备工作

制作简历前，首先要进行自我评价，这一点非常重要，其次是发现工作机会，了解企业及职位，最后是认真梳理自己的优势与职位的匹配度。

我们要问自己两个问题。

第一个问题：招聘单位“图”什么？想一想：如果你是招聘者，为什么要招聘一个没有工作经验的大学生？

一般来讲，公司招聘新员工有以下几个原因：

（1）公司规模扩大，需要人手。如果这个需求来自公司高层，是为了满足来年扩大再生产的计划，公司对员工往往会先培训再使用，所以会考虑没有经验的毕业生。但如果这个需求来自业务一线，往往急于让新人独当一面，没有工作经验的毕业生的机会就会小得多。

（2）储备人才，以备不时之需。每年都有老员工升迁、调动、退休、离职，这些岗位需要人手补充，公司也希望不断输入新鲜血液，没有工作经验但学习能力很强的应届生是白纸，培养一段时间后正好可以顶上空缺岗位。

（3）提高企业知名度。这样的企业可能并没有真实的用人需求，即使你很认真地准备并投递简历，也得不到回复。

那么，现在请你回答：你是不是企业需要的人？

第二个问题是：你自己“图”什么？分析你去一家单位的原因：是因为待遇好吗？是因为能够留在大城市吗？是因为这个行业将来的发展前景好吗？是因为对方要求不高，自己能够顺利通过面试吗？

应届毕业生应结合自己的专业、兴趣、人格、技能和价值观对岗位进行研判，如果契合，就要努力得到它。

回答了这两个问题，我们就要开始准备简历了。由于 HR 浏览应聘者简历的时间非常有限，简历的内容一定要简明扼要，同时，要将自己与职位任职资格相关联的闪光点展示出来。

4）简历的制作应遵循的基本原则

制作简历要遵循以下五个基本原则：

（1）真诚原则。简历中所有的信息都应该真实可信，既不能无中生有，将自己没有做过的事情写在简历上，也不能夸大其词，如将一次普通的课程设计包装成一个正式的项目。夸大其词的后果是：即使侥幸通过了简历筛选，也很可能在面试中露馅儿，给面试官留下非常不好的印象，以致最终出局。

（2）具体原则。简历中应提供具体的信息，比如：提及自己成绩优秀，最好说明自己的平均成绩在班级内的排名及班级同学的人数；谈到自己的爱好，要写清楚是喜欢打篮球、排球、乒乓球、网球，而非简单地写喜欢运动或喜欢打球。另外，最好写出自己所获最高奖项。

（3）简短、美观原则。简历一定要简短，格式要整齐、美观。要找一张正规的照片，将内容合理地排在一张 A4 纸上，以求给人留下好印象。有同学说："一页纸写不下啊！"这实际上是内容不够简洁造成的，与求职无关的奖励无须罗列。

（4）强调优势原则。在有限的篇幅内，要强调自己针对应聘企业及岗位的优势，而无须面面俱到。

（5）量身定制原则。每个人都是独特的自己，不可能适合所有的岗位。因此，简历上一定要写明求职目标或求职意向，并据此强调自己的优势。

5）简历的重点

求职简历的结构及主要内容如下：

姓名和联系方式：写明自己的电子邮箱、手机号及通信地址，粘贴好个人照片等。

求职目标或意向：写明希望进入的单位名称及应聘职位，或者希望从事的行业、职位。

教育背景：写明就读学校及学习期间与求职目标有关的专业、与求职目标有关的在班级中做过的最成功的事情（如团队或个人项目）、其他重要的事实（如荣誉、奖励、证书、成就等）；与求职目标相关的工作经验，如雇主情况、工作时间、职位、成就及简短生动的例子；承担相关工作获得的技能，涉及你从自我探索部分得来的技能分析。

与目标相关的志愿者工作、参与的社会工作、参加协会情况：组织情况、参加时间、角色、成就及简短生动的例子。

与目标相关的发表的文章、演讲和报告。如果承担或参与过相关项目，也可以写一下。

个人技能：电脑使用技能及获得的专业证书、认证情况等。所获证书要具体说明级别、名称等。注意：证书要有一定的含金量，太过普通的就不用写了。

个人信息：所获奖励、兴趣爱好、其他个人优势等。注意：所获奖励及兴趣爱好等最好与所应聘职位的任职要求有一定的关联，若用人单位无法获得与岗位任职要求有关的信息，这项内容就是无效的。

对你的资历进行必要的修整，以使其适合你想申请的工作。

6）简历的书写

在外观与风格上，你的简历应给人留下良好的第一印象，包括有条理的材料组织、容易阅读的字体等。

关于简历的内容，你可以按照以下顺序来安排，也可以根据需要进行调整。

个人信息：姓名、性别、地址、电话、电子邮箱、学历，以及招聘信息中提到的特殊要求（如身高）等。

目标职位：整个简历中最重要的一项。目标职位可以清晰地让招聘者看到你对工作的期待，初步感受到你对自己与工作发展是否有明确的想法，这是双方良好沟通的基础。

教育背景：用逆时顺序列出自己曾就读的大学、获得的学位、就读时间和专业。

主修科目：你可以将这部分作为子标题或教育背景的着重部分。

论文：你可以将这部分作为子标题或教育背景的着重部分。任何你准备好的相关项目、报告、论文等，都可以写进去。但切记，这部分不宜占用太大篇幅。

资历概述、技能概述：这部分提供的是与你的目标职位有关的资历、技能，是简历的主体，应该占最大的篇幅。①这是雇主对你感兴趣、给你带来竞争优势的部分，一般要提及4~6个要点，说明你与想要应聘的职位之间关系最密切的能力。②描述自己在工作中取得的成绩和具体的任务。强调你做了什么，突出你的知识技能和可迁移技能，强调你是如何做的，突出你的自我管理技能，强调你的行为取得了什么样的（成功的）结果，以及这件事的重要性。③要以职位有要求而你又拥有的技能为主题选择和组织这部分的内容，强调你的可迁移技能，尤其是那些与你所求职位相关的技能。④不要使用太长的段落，在同一岗位上的不同职责可以一条条单列出来，前面加上项目符号，力求美观易读。⑤积极地呈现你的技能、品质和经验，让潜在雇主相信你能胜任这份工作。不过要注意，简历必须是一份诚实的评估。

专业培训：列出与目标职位相关的专业培训的内容、时间、所获证书等信息。

获得的奖励：列出所获奖励的名称、颁奖单位、地点和时间。可以说明是在多少竞争者中胜出，以突出获奖的难度。

专业成员资格（会员资格、证书）：你所参加的专业协会，在其中担任的职务、负责的事务，以及所获奖励等。

发表的与目标职位相关的文章、演讲和报告。

其他（外语、电脑、旅行经历、兴趣爱好等）加分项。

如果有与所寻求职位相关的经历，或者非常特别的事件，请列出来。

推荐人：此为备选部分，可以不在简历上列出，也可单独用一张纸写明。推荐人应当是对你的能力、专业水平等有充分了解的有一定权威的人，如任课老师、实习单位的指导者、论文导师等。若推荐者在业内有一定的知名度和影响力，这将成为你的加分项。

最后，要注意，根据你所应聘公司的招聘特点书写的简历，才是最合适的简历，千万不要用一份简历投所有的单位。

8.2.3.2 求职信

1）求职信的内容

求职信不同于简历，简历要写得具体、全面，而求职信要强调最重要的信息，内容如下：

（1）你是谁？

（2）你是怎么知道目标企业的？

（3）你要申请什么职位？

（4）你了解目标企业吗？

（5）你为什么适合这个职位？

（6）表明希望得到面试机会，并注明你的联系方式。

以下是具体格式及内容说明：

收信人的姓名、头衔：

第一段：说明你为什么要写这封信，你申请的职位的具体名称，以及你是从何种途径听说有这一职位空缺的。

第二段：解释你为什么对这个组织和这个职位感兴趣，说明你可以为该组织做些什么。谈谈你的教育背景和相关经历与你申请的职位的匹配情况。突出强调你所取得的成就或你的过人之处，但不要重复你简历中的内容，而是作为对简历的引介和提升（可挑选简历中的一两点突出之处，或是对受格式所限未能在简历中体现的内容进行详细说明）。强调你的技能与你所申请职位是非常契合的。这一段为求职信的核心内容，如果内容较丰富，也可分为两段，要简洁而具体。

第三段：激发收信者对阅读你的简历的兴趣。表明你希望有机会面试，重申便于找到你的联系方式、联系时间，表示愿意提供更多的信息供对方参考。

最后，以一句鼓励对方做出回应的话结束你的求职信。

此致

敬礼！

你的姓名（如果是打印出来的，需有亲笔签名）

附件：简历、学历复印件等。

下面我们来看一封简短的求职信。

北京×××有限公司人事经理：

您好！

我是北京××大学 2018 届本科毕业生林超，我从上周六的校园招聘会上得知贵公司正在招聘助理销售工程师一职，且了解到贵公司的配电设备在国际上处于领先水平，产品具有广阔的市场，特写信向您自荐。

我学的专业是电气自动化，专业知识扎实，学习成绩良好，平均成绩在大班前30%左右。我性格活泼，责任心强，办事认真，不怕吃苦，担任过学生干部，组织能力较强，而且特别善于与人沟通，班里男同学间发生矛盾，经我调解后双方很快就缓和了关系。大三暑假，我参加了专业实习，参与了销售系统的设计工作，专业能力和社会实践能力都得到很大的提高。业余时间我喜欢打篮球，还喜欢旅游，每个假期，我都会外出自助游一次。

我自信符合贵单位所招聘岗位的要求，感谢您在百忙之中阅读我的简历。

我非常渴望得到贵公司的面试机会，如有可能，请以落款联络方式通知我。

谢谢！

林超

电话：136××××3011

2017年11月18日

这封求职信言简意赅，将前文提及的几个方面都说清楚了，详细信息以信后所附求职简历上的内容为准。

2）注意事项

在撰写求职信时，应注意以下事项：

（1）确保无错别字，语句通顺，版面整齐，空间布局合理，标点符号正确，行距统一。使用与简历相同的纸张、字体和页边距。

（2）没有时间上、经验上的逻辑错误。列举信息时，要从最近发生的事件开始描述。

（3）最好使用中性词汇陈述事件。用词不要太富感情色彩，不要过于华丽。

（4）最好不要写对薪酬的要求。求职信是用于赢得面试机会的，所有对赢得面试机会没有帮助的信息都属于无用信息，不必写在求职信上。

（5）要简短。少说废话，反复阅读，直到满意为止。求职信的长度不要超过一页。

（6）要尽可能地找出一个具体的收信人（谁会读到你这封求职信），而不是一个部门。要用姓名、头衔称呼收信人，而不要代以泛泛的称呼。

（7）要在求职信中表现出你对这份工作的热忱和兴趣。在读者结束阅读之前，不能让读者失去对它的兴趣。

（8）要表现出你对该组织有一定的了解，知道其宗旨、工作重心、发展方向等。

（9）展现你的与众不同之处。至少要指出一点你的特色，无论是特别擅长与人交往，还是有什么特殊的技能。总之，要突出介绍某种既能将你与众人区别开来又与这份工作相关的品质，你可能因此脱颖而出。

（10）控制段落长度，一段话最多五句，一个句子最多两行。一段中的第一句话，要先介绍这段的主题。

（11）要具体。你申请的是什么职位，你有什么样的经历或技能与之相关，都要清楚地说明。

（12）发送原创的信件，而不是大众化的复本信件。

（13）要积极主动，明确地表达你寻求面试机会的愿望。

（14）保留你的信件底稿，在合适的时间跟进，因为你的信虽然是寄给人家了，但人家不一定会联络你。

（15）表现出温暖和友好。记住，这是写给真人、活人的一封信。

8.2.3.3 求职档案

1）什么是求职档案

求职档案是对你的技能及成就的证明，可以帮助你向招聘者推销自己。许多招聘者都有兴趣看到你的工作成绩的实例和样本。求职档案应当包括你最近工作业绩的一些实物样本，并应与你申请的职位相关。

2）准备求职档案有什么好处

（1）收集整理求职档案的过程，有助于你对招聘者所看重的技能进行思考，也能使你对自己具有的技能和取得的成绩有充分的考虑和认识，能帮助你厘清思路，为面试做好准备。

（2）求职档案能反映你对面试的慎重态度和所做的细致认真的准备工作，以及你对该职位的热忱和兴趣，同时体现出你的创造性。

（3）求职档案能使你在面试中获得一定的控制权，充分展示自己。

（4）求职档案给你的简历和面试增加了重要的实物资料，用更生动具体的形式对你的才能进行证明，能加深招聘者对你的印象。

3）求职档案的内容

你可以准备一个文件夹存放所有你认为值得保留的材料，并随时增添新的内容。在申请工作时，可以根据所申请的具体职位挑选与之最相关的材料，另用文件夹陈列并向招聘者展示。

求职档案可包含以下内容：①简历；②成绩单；③荣誉证书或获奖证书；④资格证书；⑤写作样文，如学术论文、发表的文章、帮老师翻译的文章等；⑥发表的作品，如论文、著作；⑦参与的研究课题、研究论文、实验室报告等；⑧实习报告；⑨教学经历，如教学大纲、教学计划、制作的多媒体课件和教学用具、学生作业、其他教学成果实物资料和照片；⑩你参加过的专业会议或短期培训的简介；⑪你所设计、组织或参与的课堂或课外活动的照片、视频等；⑫制作的小报、展板、手工作品等；⑬有关报纸对你所参与的活动的报道；⑭推荐信及推荐人联系方式；⑮你的技能和目标陈述。

4）求职档案应采用什么样的格式

通常，我们用一个比较正式的带透明活页的塑料文件夹存放这些材料。材料的选择和排放顺序，应根据要面试的具体职位的要求确定。重要的是，所选材料要能证明你的技能、成绩和经历，并有清楚的解释或说明。比如，你因为参与某一志愿活动而获得了一份荣誉证书，那么可以附上一个简单的说明，描述该活动、你的参与情况及收获。

8.2.3.4 如何送达

准备好求职信、简历及求职档案后，如何送达也是需要注意的一个细节。

如果你参加招聘会，不论是校园招聘会还是社会招聘会，都不要将简历放在招聘单位的展台上就离开，而是要等待机会与招聘人员沟通几分钟，否则，你投递的简历很可能泥牛入海，得不到任何回应。

如果你是通过发送电子邮件投递简历和求职信，请务必将邮件的题目写为“××大学××专业××应聘助理工程师”这样的形式，让收件方一目了然；文件名也应注明类似的内容，使你的邮件不至于被当成垃圾邮件，也便于收件人保留你的简历。

如果你是通过招聘网站投递简历，请严格按照网站要求的格式完成所有内容。另外，不少招聘方除了自己的网申系统外，还经常将招聘外包给智联招聘、前程无忧、中华英才网等，而这些招聘网站本身也有专门的校园招聘信息，其格式要求可能有所不同。

如果你选择邮寄的方式，请务必以挂号信或快递的方式递送给用人单位负责招聘的人员，否则很难保证文件会递交至相关人员手中。

如果你是经人脉关系推荐的，请他人递交简历，最好将求职信、简历及各种证书的复印件一起放在一个大信封中，并在信封上列出材料明细。

8.2.3.5 参考案例

下面分别是一位软件工程专业本科毕业生应聘 Java 工程师和一位人力资源管理专业本科毕业生应聘人事、行政助理的求职简历，以供参考。

陈宏

Tel：135×××××××× E-mail：chenhong9607@126.com。

通信地址：河南工程学院学生宿舍×号楼×××室。

求职目标：Java 开发工程师。

教育背景：河南工程学院软件工程专业 2013 级本科生。

主修课程：高等数学、概率论、线性代数、离散数学、高级语言程序设计、计算机导论、数据结构、算法分析与设计、计算机组成与体系结构、数据库系统原理、软件工程导论等。

掌握技能：

熟练掌握 Java 面向对象编程语言，有良好的编码习惯。

熟练使用 HTML，并了解 Ajax、JavaScript、jQuery，能使用 DIV+CSS 进行页面布局。

熟练使用 Jsp，Servlet，JavaBean 进行 Web 应用开发。

熟悉 MySQL 数据库，熟悉 SQL 语句。

实习及实践：

2017 年 1 月—5 月，××科技有限公司，实习生。

参与项目：企业展示。

系统环境：MySQL 数据库、Windows 系统、Inteuij IDEA 工具。

项目技术：SpringMVC，Spring，Hibernate，MySQL，JSP，JSTL，zTree

项目模块：

前台主要功能：①会员中心，可在后台进行管理。②客户在线留言，客户可以在线对公司提意见和建议。③下载中心，用户可以下载本站提供的资料。④产品中心，用户可以浏览公司产品，查看详情，并进行购买。⑤新闻频道，用户可以浏览本站新闻，并可以进行评论、留言，可按照新闻类别进行选择性浏览。

后台主要功能：管理员进入后台的菜单，可以完成对前台信息不同的操作（对产品、新闻、客户等信息的增、删、改）。

2016 年 6 月—8 月，在郑州××有限公司实习。

参与项目：在线考试系统。

项目介绍：主要包括登录考试、成绩查询、修改密码、考生信息录入、课程和题目录入及系统维护六个功能模块；还包括权限管理模块，用于管理系统的用户、角色及相关权限。

责任描述：基于 MVC 思想的在线考试系统，主要有题目随机抽取、随机生成试卷、分数计算、考生登录等功能。

小结：整个系统采用 MVC 设计模式，我在参与项目的过程中掌握了 Socket 通信技术，了解了项目开发流程，项目描述能力和技术沟通能力得到很大的提高。

2016 年 2 月—3 月，在郑州××科技有限公司实习。

参与项目：学友教育内部人事管理系统。

项目描述：该系统提供完整的人事档案保存方案，全面记录员工个人、家庭、合同等信息以及管理企业相关信息，使用 ECSide，可以根据企业实际需要提供多种形式的员工信息报表。

总体技术：Tomcat+MyEclipse+MySQL 开发构架，Spring+Hibernate 开发模式，也使用了 Ajax，使系统具有较好的用户体验。

项目职责：负责员工个人信息管理、简历合同信息管理、后台权限管理以及前后台登录模块代码编写。

自我评价：

性格开朗乐观，积极上进，对待工作认真负责，善于沟通协调，有较强的集体荣誉感和团队合作精神。

吃苦耐劳，能在较大的压力下保持良好的工作状态，善于自我调节，责任感强，工作踏实。

非常热爱编程，喜欢钻研新的技术，喜欢接受各种挑战。热爱学习，具有很强的自学能力和良好的学习方法。

陈雯

Tel：136×683×××× E-mail：chenwen9703@163.com。

通信地址：河南财经政法大学学生宿舍×号楼×××室。

求职目标：人事、行政助理。

教育背景：

河南财经政法大学公共管理学院人力资源管理专业2013级本科生。

主修课程：会计、管理学、企业战略管理、人力资源统计学、劳动政策与法规、劳动关系管理、薪酬管理、薪酬与福利、绩效管理、绩效管理案例分析。

实习及实践：

2017年2月至今，在郑州××产业园实习，任行政助理，协助行政主管处理园区行政管理事务。

2016年7月—8月，在××通讯科技有限公司做销售，业绩突出，在实习生中名列前茅。

2015年7月—8月，在苏州××电子厂工作40天，主要整理公司电脑键盘、车间的生产日志档案及公司的人事档案。

2015年1月—2月，利用寒假在××公司工作40天，兼做寒假工代理；工作内容是测试手机性能，同时，联系同学、同乡前往昆山做寒假实习生。

2014年7月—8月，在××公司工作2个月，工作内容为安装手机零部件，无差错。

此外，我还利用课余时间做过美团、大众点评App的推广，以及康师傅、伊利饮品的促销工作。

学生工作：

一、二年级担任班级生活委员，尽心为同学服务，受到好评。

2013年9月加入社团大学生训练营，2014年留任社团组长，带领大一新生组织社团活动，对社团成员的资料进行整理和存档，并与校社团联合会做好对接。

在学校组织100多人参加的包粽子大赛，负责策划、宣传、经费的筹集等。

获奖情况：

2016年12月，与小伙伴创立的“益笑园”获得校第四届大学生创新创业大赛二等奖。

2016年10月，参加校园模拟招聘大赛，获得二等奖。

2016年5月，参加校职业生涯规划大赛，获得优秀奖。

个人技能：

英语四级（473分），人力资源师三级证书。

熟练掌握Word、Excel、PowerPoint等办公软件。

自我评价：

性格开朗，积极上进，大学期间做过多种兼职锻炼自己，有亲和力，容易与人相处，富有责任心与爱心。

求职简历的内容一定要与求职目标相匹配。我们经常听到学生抱怨自己去招聘会投了三四十份简历，却只得到两三个面试机会。其实，这是非常正常的现象：如果你带去的简历是一个版本，针对的却是几十家公司，往往只有10%的岗位需求与简历内容比较吻合，因此，只能得到小部分用人单位的回复。建议应届毕业生针对不同类型的岗位准备求职简历，投递时一定要有针对性，否则，不仅浪费纸张，你的自信心也会受到不小的打击，得不偿失。

在求职过程中，求职信与简历能发挥极其重要的作用。需要特别注意的是：简历是“做”出来的，而不是写出来的。如果自己没有在学习、社团活动、社会实践、实习等方面投入时间和精力，简历将无内容可写。因此，首先要在“做”上下功夫。

8.3 面试：获得工作机会的“高考”

不同招聘单位的面试过程有很大的不同，所考虑内容的侧重点也有很大的差异。我们一方面提倡求职者有针对性地做一些准备，另一方面提倡求职者真实地表现自己，而不是把自己“包装”成招聘单位“想要”的人。在投递简历及求职信后，就要随时准备迎接面试。面试前应做好以下三个方面的准备。

第一，做好心理准备。递送求职材料后应时刻保持积极的心态，随时准备接受面试邀请。在接到不熟悉的电话时，应热情、自信地问候，因为这很可能是通知你参加面试的电话。不要在教室、图书馆或嘈杂的环境中接听电话，以免信息沟通不畅影响面试信息的获取。最好在手机中开通留言功能，以免错过任何一个重要来电。

第二，准备好面试可能用到的材料，最好列出清单，以免出发前遗漏。除了前面提到的各种求职材料，还应该带好学生证及各种证书、证明的原件，一方面体现你的诚意，另一方面便于招聘单位核查。此外，一定要带上签字笔及纸质笔记本。

第三，进行面试问题的准备。常规的面试程序中都会有应聘者进行自我介绍的环节，用时以一分半钟至三分钟为宜（总字数少则三五百字，多则七八百字）。自我介绍的内容主要是应聘者的基本信息、学历背景、实习经历和优势，以及应聘该职位的主要原因。接下来，面试官通常会就应聘者自我介绍中的某项描述或者简历上提到的某项经历进行提问。因此，求职者应提前就可能被问到的各种问题做好准备。

为提高面试效率，越来越多的用人单位会通过电话进行初步筛选。有的公司会事先约定电话面试的时间，但更多的电话面试会随时进行。因此，在接听面试电话时一定要注意时间和场合，切忌在不适合交谈的情况下勉强应答，应主动说明自己当时所处环境，请对方等待几分钟，换一个安静的通话环境或者更改通话时间。

近年来，结构化面试成为企业招聘考核的一种重要形式，一般包括以下六大类问题：自我认知、价值判断、经历阐述、材料解读、专业知识、即兴演讲。

为有效应对结构化面试，求职者应在以下几个方面做准备：①梳理自己的优劣势、核心优势、性格特点和职业规划；②结合求职简历丰富自己的成就故事，回顾和总结自己在团队合作、人际关系等方面的典型经历；③牢固掌握专业知识，并对专业知识进行一定的拓展；④养成博览群书、关注社会新闻热点的好习惯，多思考；⑤提升自信，训练多维辩证分析能力，以及提出解决方案的能力。

应聘者经常会遇到情景面试。应对此类面试，首先，要明确你的任务是什么类型的、怎样产生的及当时的情况是怎样的；其次，要说明你针对这种情况做出的分析并据此决定采取的行动；最后，要告诉面试官结果如何，在这种情况下你学到了什么。在招聘销售、管理等岗位时，压力面试的考察方式也较为常见，以考察应聘者的抗挫折能力和情绪稳定性。这些都需要提前了解，做好准备。

无领导小组讨论是近年来群体面试常用的一种方法。这种面试的特点在于“小组”与“无领导”：“小组”意味着团队协作、陌生团队成员的融合，考察面试者的协作能力、协调性、人际融入能力（性格倾向、情绪稳定性）、活跃度（有效发言次数）；“无领导”意味着团队角色的分工建立在团队成员的自知力的基础上，不是任命的，也不是指定的，考察面试者的自我认知、自我定位和扮演特定角色的能力（领导团队能力、掌控局面能力、时间掌握能力、协调团队能力）。应对这种面试，要从以下四个方面做准备。

（1）提升活跃度，实现有效表达。在给定的讨论时间内，要勇于表达自己，亮出自己的观点。可以在倾听小组成员的观点时，进行一定的补充或者深化，不要做只关注自己观点的“低头族”。在表达观点时，要吐字清晰、抑扬顿挫，具有一定的感染力；通过断句、间隔、强调等方式，有侧重地表达自己的观点。要避免音量过小、声调过平。

（2）具有一定协调性和较强的掌控力。在讨论过程中，要关注队友，关注整个讨论进程，对队友的观点要理性、辩证地看待，避免极端否定甚至进行人身攻击等。当讨论陷入混乱、僵局时，要注意适时掌控和引导，促使团队讨论朝预定方向发展。

（3）有独立观点，有逻辑思维与层次。一定要有自己的观点，避免在讨论过程中进行“碎片化”的表达。要有自己的逻辑假设和推理过程，有创新性，包括切入点、论据等的创新。要学会运用逻辑层次规范自己的语言表达，如使用“首先、其次、最后”及“第一、第二、第三”等。

（4）注重展示思辨能力，多角度发散思维。在分析面试题时，要尝试找出面试题本身所包含的若干假设，据此做出逻辑假设和推理（建立你的逻辑推演模型）。要避免就事论事，眼光局限于题干本身，应在自己的逻辑假设基础上进行推理。在分析问题时，要注重发散思维，多联想、类比，要有全球化的视野和眼光。

面试结束前，面试官往往会让应聘者进行自我评价并提出问题。这也是面试中非常关键的环节。应结合用人单位的组织文化及所应聘职位的任职需求，尽量客观、全面又简洁地进行自我评价，不可夸大自己的优势，也不要忽略自己的劣势，提出的问题要既有针对性又有前瞻性，避免询问工资待遇等。

除了准备面试中可能被问到的问题，还要认真学习一些面试礼仪，既要注意仪表礼仪，也要注意行为礼仪。除了穿着整洁、尽量着职业装之外，还要准时到达面试地点，对招聘公司的工作人员和参加面试的竞争者都要有礼貌。面试中，要关闭手机，轻敲门，得到应允后再进入，开、关门要轻；坐姿要端正，态度要热忱，使用敬语，保持目光接触；回答问题声音要适中，表述要简洁清楚。面试结束时，要感谢公司给予面试机会，说明自己的收获，强调信心和热情，问清楚后续事宜，确认进一步联系的方式，离开前整理好物品和座位，并带走所有物品（包括纸杯等杂物）。

在完成以上四项准备工作后，还应进行模拟演练。简便的方法有：对着镜子练习，或者用手机录下来，看视频找问题；也可以请两位同学帮忙进行角色扮演，请同学指出问题。此外，练习用英语进行自我介绍、自我评价以及回答问题也很有必要。根据近年来应届毕业生的经验，不仅去外企求职时会用到英语，去大型国企和私企求职也常常被要求用英语进行自我介绍及回答问题。

学校也可以组织一些模拟面试，请企业负责招聘的人员扮演面试官，在准备充分的情况下，由面试官对学生的面试表现进行点评，这对学生提高面试水平有很大的帮助。

总之，要想顺利通过面试，不仅平时要扎扎实实地付出努力，自我总结和反思也非常重要。

在为面试做准备时，一定要清楚：面试官设计面试的形式和提出问题都是为了考察应聘者与其所申请职位的匹配程度，因此，应围绕这一点来准备。一般而言，用人单位招聘新员工的面试主要考核五个方面：一是面试者对自己的了解、定位以及其价值观、职业规划，这些都与其求职动机相关；二是面试者的成就、经历及其体现出的能力、性格和品质；三是面试者对专业知识的掌握；四是面试者对社会的关注以及对社会现象的认知；五是面试者的表达能力、逻辑思维和分析能力等。

下面，分享一下面试中常见的问题及应对方法。

学习能力是绝大多数用人单位要考核的应届毕业生的基本能力之一。举例如下：

面试官：你的简历中介绍了你在××大学经济学院学的是国际贸易专业，你能介绍一下该专业学习的主要内容吗？

求职者：我们这个专业属于应用经济学的范畴，专业课程主要包括宏观经济学、微观经济学、国际贸易、国际金融、国际营销等。

面试官：你的学习成绩如何？（考察学习能力和逻辑思维能力）

求职者：我的专业课平均成绩是85.3分，位于班级前30%。

面试官：很多人认为大学本科的专业对未来的工作没有什么帮助，你怎样看待这个问题？

求职者：我觉得这个问题没有标准答案，需要根据具体岗位进行分析。对于工程设计、机械制造、财务管理、法律咨询等岗位，本科阶段的专业学习可以说是基础，没有这个阶段的学习和基本训练，根本无法承担相关工作；对于行政管理、市场销售等岗位，本科阶段的学习更多地体现在提高知识应用、思考问题、解决问题等方面的能力。当然，任何岗位都需要有学习能力和认真的态度，我认为这是新员工进入职场后所需的基本素质与能力。

面试官：你如何看待自己的失败经历？请举个例子。（考察应变能力）

求职者：我在校报做记者时，有一次要采访一个全市创新创业大赛的一等奖获得者。不料，这位获奖者不愿意接受采访，那时我真的特别沮丧，因为那期报纸主题都定好了，就差采访稿了，结果采访失败，影响了报纸的出版进度。后来我反省了自己，发现是前期准备不足，让获奖者觉得我没有诚意。在全面了解获奖情况之后，我又多次去找他协商，最终他答应接受采访。

了解要应聘的公司及职位非常重要，这不仅能帮助你确定自己是否真正适合此岗位，以便做出正确的选择，而且能帮助你应对面试官提出的有关岗位的问题。面试官的提问，是为了考察求职者的专业度、忠诚度、岗位关注度及提前准备的能力。举例如下：

面试官：你为什么来应聘这个岗位？（考察求职动机）

求职者：我非常认同公司的企业文化（可简单举例说明自己对该企业文化的理解，但一定不能过度发挥），同时特别看好公司的发展前景，一直很向往加入贵公司。应聘这个岗位是因为我对这方面的工作感兴趣，它能帮助我实现自我价值，同时我也具备胜任这一工作的基本能力，希望能够在工作中进一步提高。

面对这类问题，预先掌握一些资料会让面试官认为你加入企业的诚意十足。要想收集有关企业的资料，你可以参考企业发布的年报或业绩简报，如果能向该公司的员工咨询更好。

创新能力也是招聘者看重的应届毕业生的基本素质与能力之一，这一点在很多岗位的招聘过程中都有体现。一个具有创新能力的人会表现出思维的灵活性，有新颖的理念，并能将之转化为切合实际的计划。具有创新能力者往往会表现出以下行为：有理智的好奇心；对于解决一个问题常常有很多想法和建议；对于非常规的想法抱有很大的热情；能够不断挑战自己；能够打破思维定式，为老问题寻求新的解决办法。举例如下：

面试官：我从你的简历中看到，你曾担任校学生会文艺部部长。你认为担任这个职位最大的挑战是什么？

求职者：我认为最大的挑战是要不断地提出新的创意，无论是活动的内容还是形式，都需要不断创新，只有新点子才能吸引更多的同学来参与活动。

面试官：请说说你最成功的一次创新活动。

求职者：我最成功的一次创新活动是去年学校的元旦晚会。之前学生会每年都组织元旦晚会，基本上就是由每个学院出几个节目，形式比较单一，主动前往观看的同学很少，各个学院都会“摊派”一定的人数参加，去的同学反应也不热烈。于是，我广泛听取同学们的意见与建议，最后决定以游园会的形式庆祝新年。在取得老师的支持后，我们向每个社团和班级发出了邀请：大家可以通过规定程序申请设立自己感兴趣的项目，每个学院都可以搭建自己的舞台表演节目，这样就最大限度地调动了大家的积极性，同学们的反响十分热烈。

前文提到，团队合作能力也是用人单位重点考察的可迁移能力之一。具有较强的团队合作能力具体表现为：作为团队成员，能积极参与团队活动，认真完成团队任务；对团队表示认同，支持团队的决策；愿意公开、坦诚地与团队共享信息；能够为了团队的利益调整自己；重视他人的看法、专长及所提供的信息。举例如下：

面试官：你认为在你以往的学习和工作团队中，你扮演的是什么样的角色？

求职者：我在团队中主要扮演智多星的角色，为团队献计献策。我的创造力比较强，能够从不同角度看待事物，经常提出新主意。有时，我还充当临时的协调者，以团队领导的身份做一些协调工作。

面试官：你认为如何才能有效地进行团队合作？

求职者：我认为对一个团队来说，最重要的是每个成员都关注团队的整体利益而不是自己的个人利益。团队的整体目标关系到团队中的每一个人，只有实现共同目标的意愿一致，大家才能开诚布公地有效沟通、分享经验、贡献所长，才能有效地进行合作。

大学期间的兼职经历和社团活动也是面试中常被问到的。举例如下：

面试官：你的简历中提到你在学校的学生超市勤工俭学，在这个过程中，你有什么收获？

求职者：首先，我通过勤工俭学获得了一份收入，可以贴补我的生活费用，减轻了父母的经济压力；其次，我通过勤工俭学增强了独立意识，培养了独立生活的能力；最后，学生超市在我们学校是一个学生社团，加入这样一个组织并和许多同学一起努力，给了我很强的集体归属感，也培养了我的团队合作精神。

面试官：兼职会占用很多时间，你是如何平衡兼职工作与学习的？

求职者：您说得对，这份兼职的确占用了我不少时间，但我并没有因此放松学习，毕竟学习是学生最重要的任务。我做事一向认真努力，不论是在学习中还是在工作中。为了兼顾工作和学习，我牺牲了很多娱乐和休息的时间，因为我非常清楚，既然选择了兼职，就必须放弃一些娱乐活动、休闲时光。因此，我总体上做到了学习、工作两不误。

另外，求职者也应该做好自己的职业规划。很多面试官会问到未来规划方面的问题，希望借此了解应聘者的求职动机、求职态度和中长期职业发展方向。举例如下：

面试官：如果你应聘上这个岗位，你对自己近五年的职业发展有什么规划？（潜台词是：你能在我们公司工作多久？）

求职者：我希望在这一工作领域得到长期发展。现在我只有一个大致的计划。第一阶段，我希望从现在开始，两年之内能够在我申请的这个职位上沉淀下来，完成从学校人到社会人的转变。第二阶段，我希望成为一个深入了解业务的人，能发现问题、解决问题。第三阶段，我希望能全方位掌握该领域业务，在工作中有所创新，为公司创造更大的价值。

在求职过程中，一定要端正职业态度。关于职业态度，可能涉及的问题包括“跟公司同事意见不同产生矛盾怎么办？”“如果工作中需要加班、出差、外派，你能胜任吗？”等。面对这类问题，求职者一定要根据自己的实际情况真实作答，不要为了迎合面试官而做出违背自己意愿的回答。

面试快结束时，面试官一般会问一句：“你还有什么要问的吗？”不要小看这个问题，这是面试官在考察应聘者的思辨能力和职业态度，以及对公司、职位的理解。你可以围绕公司、职位提问，让面试官觉得你确实关心这份工作。以下问题仅供参考：①公司对这个岗位的期望是什么，哪些是我需要特别努力的？②公司是否有正式或非正式培训？③公司是否有外派或轮岗的机会？④公司的升迁渠道是怎样的？若回答“没问题”，不仅放弃了面试加分的机会，还可能导致苛刻的面试官认为你对职位漠不关心或思维不够灵活。因此，要把握好这最后一问。

总之，面试中的问题虽然千变万化，但都是为了了解应聘者的求职动机，以及与招聘职位相关的各种素质和能力。应聘者只要对所申请的职位有透彻的理解，并且根据自己的实际情况诚实地回答问题，相信一定会有好的结果。应届毕业生千万不要将注意力都放在提高面试技巧上。事实上，一旦面试官发现应聘者在包装自己，没有实事求是地回答问题，就会认为应聘者缺乏诚意，那么面试结果也会或多或少地受到影响。

参考文献

［1］钟兰谷，杨开．大学生职业生涯发展与规划［M］．2 版．上海：华东师范大学出版社，2018.

［2］苏文平．大学生职业生涯规划与就业创业指导［M］．北京：中国人民大学出版社，2018.

［3］徐平福．大学生就业与职业发展指南［M］．北京：北京师范大学出版社，2010.

［4］鲍利斯．你的降落伞是什么颜色［M］．刘宁，译．北京：中信出版社，2010.

［5］金树人．生涯咨询与辅导［M］．北京：高等教育出版社，2007.